TRANZLATY

Sprache ist für alle da

השפה מיועדת לכולם

Das Kommunistische Manifest

המניפסט הקומוניסטי

Karl Marx
&
Friedrich Engels

Deutsch / עברית

Copyright © 2024 Tranzlaty
Published by Tranzlaty
ISBN: 978-1-80572-351-6
Original text by Karl Marx and Friedrich Engels
The Communist Manifesto
First published in 1848
www.tranzlaty.com

Einleitung
מבוא

Ein Gespenst geht um in Europa – das Gespenst des Kommunismus

רוח רפאים רודפת את אירופה – רוח הרפאים של הקומוניזם

Alle Mächte des alten Europa sind eine heilige Allianz eingegangen, um dieses Gespenst auszutreiben

כל המעצמות של אירופה הישנה נכנסו לברית קדושה כדי לגרש את רוח הרפאים הזו

Papst und Zaren, Metternich und Guizot, französische Radikale und deutsche Polizeispione

אפיפיור וצאר, מטרניך וגיזות, רדיקלים צרפתים ומרגלים משטרתיים גרמנים

Wo ist die Oppositionspartei, die von ihren Gegnern an der Macht nicht als kommunistisch verschrien wurde?

איפה המפלגה באופוזיציה שלא הוקעה כקומוניסטית על ידי מתנגדיה בשלטון?

Wo ist die Opposition, die nicht den Brandvorwurf des Kommunismus gegen die fortgeschritteneren Oppositionsparteien zurückgeschleudert hat?

איפה האופוזיציה שלא הטילה את התוכחה המיתוגית של הקומוניזם נגד מפלגות האופוזיציה המתקדמות יותר?

Und wo ist die Partei, die den Vorwurf nicht gegen ihre reaktionären Gegner erhoben hat?

ואיפה המפלגה שלא האשימה את יריביה הריאקציונרים?

Aus dieser Tatsache ergeben sich zweierlei

שני דברים נובעים מעובדה זו

I. Der Kommunismus wird bereits von allen europäischen Mächten als eine Macht anerkannt

I- הקומוניזם כבר מוכר על ידי כל המעצמות האירופיות כמעצמה בפני עצמה

II. Es ist höchste Zeit, dass die Kommunisten ihre Ansichten, Ziele und Tendenzen offen vor der ganzen Welt offenlegen

II- הגיע הזמן שהקומוניסטים יפרסמו בגלוי, בפני העולם כולו, את השקפותיהם, מטרותיהם ונטיותיהן

sie müssen diesem Kindermärchen vom Gespenst des Kommunismus mit einem Manifest der Partei selbst begegnen

הם חייבים לפגוש את סיפור הילדים הזה של רוח הרפאים של
הקומוניזם עם מניפסט של המפלגה עצמה

Zu diesem Zweck haben sich Kommunisten verschiedener
Nationalitäten in London versammelt und folgendes
Manifest entworfen

לשם כך, קומוניסטים מלאומים שונים התאספו בלונדון ושרטטו את
המניפסט הבא

Dieses Manifest wird in deutscher, englischer,
französischer, italienischer, flämischer und dänischer
Sprache veröffentlicht

מניפסט זה יפורסם בשפות אנגלית, צרפתית, גרמנית, איטלקית
פלמית ודנית

Und jetzt soll es in allen Sprachen veröffentlicht werden, die
Tranzlaty anbietet

מציע Tranzlaty ועכשיו זה עומד להתפרסם בכל השפות כי

Bourgeois und Proletarier
הבורגנים והפרולטרים

Die Geschichte aller bisherigen Gesellschaften ist die Geschichte der Klassenkämpfe

ההיסטוריה של כל החברות שהיו קיימות עד כה היא ההיסטוריה של מאבקי המעמדות

Freier und Sklave, Patrizier und Plebejer, Herr und Leibeigener, Zunftmeister und Geselle

בן חורין ועבד, פטריקי ופלבאי, אדון וצמית, אדון-גילדה ואיש מסע

mit einem Wort, Unterdrücker und Unterdrückte

במילה אחת, מדכא ומדוכא

Diese sozialen Klassen standen in ständiger Opposition zueinander

מעמדות חברתיים אלה עמדו בניגוד מתמיד זה לזה

Sie führten einen ununterbrochenen Kampf. Jetzt versteckt, jetzt offen

הם המשיכו לריב ללא הפרעה-עכשיו מוסתר, עכשיו פתוח

Ein Kampf, der entweder in einer revolutionären Rekonstitution der Gesellschaft als Ganzes endete

מאבק שהסתיים בחוקה מהפכנית מחדש של החברה בכללותה

oder ein Kampf, der im gemeinsamen Ruin der streitenden Klassen endete

או ריב שהסתיים בחורבן משותף של המעמדות המתמודדים

Blicken wir zurück auf die früheren Epochen der Geschichte

הבה נסתכל אחורה לתקופות מוקדמות יותר של ההיסטוריה

Wir finden fast überall eine komplizierte Einteilung der Gesellschaft in verschiedene Ordnungen

אנו מוצאים כמעט בכל מקום סידור מסובך של החברה לסדרים שונים

Es gab schon immer eine mannigfaltige Abstufung des sozialen Ranges

תמיד הייתה הדרגתיות מגוונת של מעמד חברתי

Im alten Rom gibt es Patrizier, Ritter, Plebejer, Sklaven

ברומא העתיקה יש לנו פטריקים, אבירים, פלבאים, עבדים

im Mittelalter: Feudalherren, Vasallen, Zunftmeister, Gesellen, Lehrlinge, Leibeigene

בימי הביניים: אדונים פיאודליים, וסאלים, אדוני גילדות, אנשי מסע שוליות, צמיתים

In fast allen diesen Klassen sind wiederum untergeordnete Abstufungen

כמעט בכל הכיתות האלה, שוב ,דרגות כפופות

Die moderne Bourgeoisie Gesellschaft ist aus den
Trümmern der feudalen Gesellschaft hervorgegangen

החברה הבורגנית המודרנית צמחה מתוך חורבות החברה הפיאודלית

Aber diese neue Gesellschaftsordnung hat die
Klassengegensätze nicht beseitigt

אבל הסדר החברתי החדש הזה לא חיסל את היריבות המעמדית

Sie hat nur neue Klassen und neue
Unterdrückungsbedingungen geschaffen

היא רק הקימה מעמדות חדשים ותנאים חדשים של דיכוי

Sie hat neue Formen des Kampfes an die Stelle der alten
gesetzt

היא ייסדה צורות חדשות של מאבק במקום הישנות

Die Epoche, in der wir uns befinden, weist jedoch eine
Besonderheit auf

עם זאת ,לתקופה בה אנו מוצאים את עצמנו יש תכונה ייחודית אחת

die Epoche der Bourgeoisie hat die Klassengegensätze
vereinfacht

תקופת הבורגנות פישטה את האנטגוניזם המעמדי

Die Gesellschaft als Ganzes spaltet sich mehr und mehr in
zwei große feindliche Lager

החברה כולה מתפצלת יותר ויותר לשני מחנות עוינים גדולים

zwei große soziale Klassen, die sich direkt gegenüberstehen:
Bourgeoisie und Proletariat

שני מעמדות חברתיים גדולים הניצבים זה מול זה :בורגנות ופרולטריון

Aus den Leibeigenen des Mittelalters gingen die Bürger der
ersten Städte hervor

מן הצמיתים של ימי הביניים צמחו הבורגנים השכורים של הערים
הראשונות

Aus diesen Bürgern entwickelten sich die ersten Elemente
der Bourgeoisie

מבורגנים אלה התפתחו היסודות הראשונים של הבורגנות

Die Entdeckung Amerikas und die Umrundung des Kaps

גילוי אמריקה והקפת הכף

diese Ereignisse eröffneten der aufstrebenden Bourgeoisie
neues Terrain

אירועים אלה פתחו קרקע חדשה לבורגנות העולה

Die ostindischen und chinesischen Märkte, die
Kolonisierung Amerikas, der Handel mit den Kolonien

השווקים המזרח-הודיים והסיניים ,הקולוניזציה של אמריקה ,הסחר
עם המושבות

die Vermehrung der Tauschmittel und der Waren überhaupt
הגידול באמצעי החליפין ובסחורות בכלל

Diese Ereignisse gaben dem Handel, der Schiffahrt und der
Industrie einen nie gekannten Impuls
אירועים אלה העניקו למסחר ,לניווט ולתעשייה דחף שלא היה ידוע
קודם לכן

Sie gab dem revolutionären Element in der wankenden
feudalen Gesellschaft eine rasche Entwicklung
היא העניקה התפתחות מהירה ליסוד המהפכני בחברה הפיאודלית
המתפוררת

Geschlossene Zünfte hatten das feudale System der
industriellen Produktion monopolisiert
לגילדות סגורות היה מונופול על המערכת הפיאודלית של הייצור
התעשייתי

Doch das reichte den wachsenden Bedürfnissen der neuen
Märkte nicht mehr aus
אבל זה כבר לא הספיק לרצונות ההולכים וגדלים של השווקים
החדשים

Das Manufaktursystem trat an die Stelle des feudalen
Systems der Industrie
מערכת הייצור תפסה את מקומה של המערכת הפיאודלית של
התעשייה

Die Zunftmeister wurden vom produzierenden Bürgertum
auf die Seite gedrängt
הגילדות-אדונים נדחקו מצד אחד על ידי מעמד הביניים היצרני

Die Arbeitsteilung zwischen den verschiedenen
korporativen Innungen verschwand
חלוקת העבודה בין הגילדות התאגידיות השונות נעלמה

Die Arbeitsteilung durchdrang jede einzelne Werkstatt
חלוקת העבודה חדרה לכל בית מלאכה

In der Zwischenzeit wuchsen die Märkte immer weiter und
die Nachfrage stieg immer weiter
בינתיים ,השווקים המשיכו לצמוח ,והביקוש עלה ללא הרף

Selbst Fabriken reichten nicht mehr aus, um den
Anforderungen gerecht zu werden
אפילו מפעלים כבר לא הספיקו לעמוד בדרישות

Daraufhin revolutionierten Dampf und Maschinen die
industrielle Produktion

לאחר מכן ,הקיטור והמכונות חוללו מהפכה בייצור התעשייתי

An die Stelle der Manufaktur trat der Riese, die moderne Industrie

את מקום הייצור תפסה התעשייה הענקית ,המודרנית

An die Stelle des industriellen Mittelstandes traten industrielle Millionäre

את מקומו של מעמד הביניים התעשייתי תפסו מיליונרים תעשייתיים

an die Stelle der Führer ganzer Industriearmeen trat die moderne Bourgeoisie

את מקומם של מנהיגי צבאות תעשייתיים שלמים תפסה הבורגנות המודרנית

die Entdeckung Amerikas ebnete der modernen Industrie den Weg zur Etablierung des Weltmarktes

גילוי אמריקה סלל את הדרך לתעשייה המודרנית לבסס את השוק העולמי

Dieser Markt gab dem Handel, der Schifffahrt und der Kommunikation auf dem Landweg eine ungeheure Entwicklung

שוק זה נתן התפתחות עצומה למסחר ,ניווט ותקשורת יבשתית

Diese Entwicklung hat seinerzeit auf die Ausdehnung der Industrie reagiert

התפתחות זו ,בזמנו ,הגיבה על התרחבות התעשייה

Sie reagierte in dem Maße, wie sich die Industrie ausbreitete, und wie sich Handel, Schiffahrt und Eisenbahn ausdehnten

,היא הגיבה ביחס לאופן שבו התעשייה התרחבה ,ולאופן שבו המסחר הניווט והרכבות התרחבו

in demselben Maße, in dem sich die Bourgeoisie entwickelte, vermehrte sie ihr Kapital

באותו שיעור שבו התפתחה הבורגנות ,הם הגדילו את הונם

und das Bourgeoisie drängte jede aus dem Mittelalter überlieferte Klasse in den Hintergrund

והבורגנות דחפה אל הרקע כל מעמד שהועבר מימי הביניים

daher ist die moderne Bourgeoisie selbst das Produkt eines langen Entwicklungsganges

לכן הבורגנות המודרנית היא עצמה תוצר של מהלך ארוך של התפתחות

Wir sehen, dass es sich um eine Reihe von Revolutionen in der Produktions- und Tauschweise handelt

אנו רואים שזו סדרה של מהפכות באופני הייצור והחליפין

Jeder Schritt der Bourgeoisie Entwicklung ging mit einem entsprechenden politischen Fortschritt einher

כל צעד בורגני התפתחותי לווה בהתקדמות פוליטית מקבילה

Eine unterdrückte Klasse unter der Herrschaft des feudalen Adels

מעמד מדוכא בהשפעת האצולה הפיאודלית

ein bewaffneter und selbstverwalteter Verein in der mittelalterlichen Kommune

אגודה חמושה ובעלת שלטון עצמי בקומונה מימי הביניים

hier eine unabhängige Stadtrepublik (wie in Italien und Deutschland)

כאן, רפובליקה עירונית עצמאית)כמו באיטליה ובגרמניה(

dort ein steuerpflichtiger "dritter Stand" der Monarchie (wie in Frankreich)

שם", אחוזה שלישית "חייבת במס של המלוכה)כמו בצרפת(

Danach, in der Zeit der eigentlichen Herstellung

לאחר מכן, בתקופת הייצור הנכון

die Bourgeoisie diente entweder der halbfeudalen oder der absoluten Monarchie

הבורגנות שירתה את המונרכיה הפיאודלית למחצה או את המונרכיה האבסולוטית

oder die Bourgeoisie fungierte als Gegengewicht zum Adel

או שהבורגנות פעלה כקונטרה נגד האצולה

und in der Tat war die Bourgeoisie ein Eckpfeiler der großen Monarchien überhaupt

ולמעשה, הבורגנות הייתה אבן פינה של המונרכיות הגדולות בכלל

aber die moderne Industrie und der Weltmarkt haben sich seitdem etabliert

אבל התעשייה המודרנית והשוק העולמי ביססו את עצמם מאז

und die Bourgeoisie hat sich die ausschließliche politische Herrschaft erobert

והבורגנות כבשה לעצמה השפעה פוליטית בלעדית

sie erreichte diese politische Herrschaft durch den modernen repräsentativen Staat

היא השיגה השפעה פוליטית זו באמצעות המדינה הייצוגית המודרנית

Die Exekutive des modernen Staates ist nichts anderes als ein Verwaltungskomitee

מנהלי המדינה המודרנית אינם אלא ועד מנהל

und sie leiten die gemeinsamen Angelegenheiten der
gesamten Bourgeoisie

והם מנהלים את העניינים המשותפים של הבורגנות כולה

Die Bourgeoisie hat historisch gesehen eine höchst
revolutionäre Rolle gespielt

הבורגנות ,מבחינה היסטורית, מילאה תפקיד מהפכני ביותר

Wo immer sie die Oberhand gewann, machte sie allen
feudalen, patriarchalischen und idyllischen Verhältnissen
ein Ende

בכל מקום שבו ידה הייתה על העליונה ,היא שמה קץ לכל היחסים
הפיאודליים ,הפטריארכליים והאידיליים

Sie hat erbarmungslos die bunten feudalen Bande zerrissen,
die den Menschen an seine "natürlichen Vorgesetzten"
banden

היא קרעה ללא רחמים את הקשרים הפיאודליים ההפכפכים שקשרו
את האדם ל"ממונים הטבעיים "שלו

Und es ist kein Nexus zwischen Mensch und Mensch übrig
geblieben, außer nacktem Eigeninteresse

והיא לא הותירה שום קשר בין אדם לאדם ,מלבד אינטרס אישי עירום

Die Beziehungen der Menschen zueinander sind zu nichts
anderem geworden als zu einer gefühllosen "Geldzahlung"

יחסיהם של בני האדם זה עם זה הפכו ללא יותר מאשר "תשלום
במזומן "גס

Sie hat die himmlischsten Ekstasen religiöser Inbrunst
ertränkt

היא הטביעה את האקסטזות השמימיות ביותר של להט דתי

sie hat ritterlichen Enthusiasmus und philiströsen
Sentimentalismus übertönt

היא הטביעה התלהבות אבירית וסנטימנטליות פלישתית

Sie hat diese Dinge im eisigen Wasser des egoistischen
Kalküls ertränkt

היא הטביעה את הדברים האלה במים הקפואים של החישוב
האגואיסטי

Sie hat den persönlichen Wert in Tauschwert aufgelöst

היא הפכה את הערך האישי לערך בר-חליפין

Sie hat die zahllosen und unveräußerlichen verbrieften
Freiheiten ersetzt

היא החליפה את החירויות הרבות מספור והבלתי ניתנות למימוש

und sie hat eine einzige, skrupellose Freiheit geschaffen; Freihandel

והיא הקימה חירות אחת ,חסרת מצפון ;סחר חופשי

Mit einem Wort, sie hat dies für die Ausbeutung getan

במילה אחת ,היא עשתה זאת לשם ניצול

Ausbeutung, verschleiert durch religiöse und politische Illusionen

ניצול במסווה של אשליות דתיות ופוליטיות

Ausbeutung verschleiert durch nackte, schamlose, direkte, brutale Ausbeutung

ניצול במסווה של ניצול עירום ,חסר בושה ,ישיר וברוטלי

die Bourgeoisie hat den Heiligenschein von jedem zuvor geehrten und verehrten Beruf abgestreift

הבורגנות הסירה את ההילה מכל עיסוק מכובד ונערץ בעבר

der Arzt, der Advokat, der Priester, der Dichter und der Mann der Wissenschaft

הרופא ,עורך הדין ,הכומר ,המשורר ואיש המדע

Sie hat diese ausgezeichneten Arbeiter in ihre bezahlten Lohnarbeiter verwandelt

היא הפכה את העובדים הנכבדים האלה לעובדים בשכר

Die Bourgeoisie hat der Familie den sentimentalen Schleier weggerissen

הבורגנות קרעה את הצעיף הסנטימנטלי מהמשפחה

Und sie hat das Familienverhältnis auf ein bloßes Geldverhältnis reduziert

והיא צמצמה את הקשר המשפחתי ליחס כספי גרידא

die brutale Zurschaustellung der Kraft im Mittelalter, die die Reaktionäre so sehr bewundern

;מפגן המרץ האכזרי בימי הביניים שהריאקציוניסטים ,כה מעריצים

Auch diese fand ihre passende Ergänzung in der trägesten Trägheit

אפילו זה מצא את ההשלמה ההולמת שלו בעצלנות העצלנית ביותר

Die Bourgeoisie hat enthüllt, wie es dazu gekommen ist

הבורגנות חשפה כיצד כל זה קרה

Die Bourgeoisie war die erste, die gezeigt hat, was die Tätigkeit des Menschen bewirken kann

הבורגנים היו הראשונים שהראו מה פעילות האדם יכולה להביא

Sie hat Wunder vollbracht, die ägyptische Pyramiden, römische Aquädukte und gotische Kathedralen bei weitem übertreffen

היא חוללה פלאים העולים בהרבה על הפירמידות המצריות ,אמות המים הרומיות והקתדרלות הגותיות

und sie hat Expeditionen durchgeführt, die alle früheren Auszüge von Nationen und Kreuzzügen in den Schatten stellten

והיא ערכה משלחות ששמו בצל את כל יציאת העמים ומסעי הצלב הקודמים

Die Bourgeoisie kann nicht existieren, ohne die Produktionsmittel ständig zu revolutionieren

הבורגנות אינה יכולה להתקיים מבלי לחולל מהפכה מתמדת במכשירי הייצור

und damit kann sie nicht ohne ihre Beziehungen zur Produktion existieren

ובכך היא אינה יכולה להתקיים ללא יחסיה עם הייצור

und deshalb kann sie nicht ohne ihre Beziehungen zur Gesellschaft existieren

ולכן היא אינה יכולה להתקיים ללא יחסיה עם החברה

Alle früheren Industrieklassen hatten eine Bedingung gemeinsam

לכל המעמדות התעשייתיים הקודמים היה תנאי אחד משותף

Sie setzten auf die Bewahrung der alten Produktionsweisen

הם הסתמכו על שימור אופני הייצור הישנים

aber die Bourgeoisie brachte eine völlig neue Dynamik mit sich

אבל הבורגנות הביאה איתה דינמיקה חדשה לגמרי

Ständige Revolutionierung der Produktion und ununterbrochene Störung aller gesellschaftlichen Verhältnisse

מהפכה מתמדת בייצור והפרעה בלתי פוסקת של כל התנאים החברתיים

diese immerwährende Unsicherheit und Unruhe unterscheidet die Epoche der Bourgeoisie von allen früheren

חוסר הוודאות והתסיסה הנצחיים הללו מבדילים את התקופה הבורגנית מכל קודמותיה

Die bisherigen Beziehungen zur Produktion waren mit alten und ehrwürdigen Vorurteilen und Meinungen verbunden

היחסים הקודמים עם הייצור לוו בדעות קדומות עתיקות ומכובדות

Aber all diese festgefahrenen, eingefrorenen Beziehungen werden hinweggefegt

אבל כל היחסים הקבועים והקפואים האלה נסחפים

Alle neu gebildeten Verhältnisse werden antiquiert, bevor sie erstarren können

כל היחסים החדשים נעשים מיושנים לפני שהם יכולים להתנדנד

Alles, was fest ist, zerschmilzt in Luft, und alles, was heilig ist, wird entweiht

כל מה שמוצק נמס לאוויר ,וכל מה שקדוש הוא חולין

Der Mensch ist endlich gezwungen, mit nüchternen Sinnen seinen wirklichen Lebensbedingungen ins Auge zu sehen

האדם נאלץ סוף סוף להתמודד בחושים מפוכחים עם תנאי חייו האמיתיים

und er ist gezwungen, sich seinen Beziehungen zu seinesgleichen zu stellen

והוא נאלץ להתמודד עם יחסיו עם בני מינו

Die Bourgeoisie muss ständig ihre Märkte für ihre Produkte erweitern

הבורגנות צריכה כל הזמן להרחיב את השווקים שלה למוצריה

und deshalb wird die Bourgeoisie über die ganze Erdoberfläche gejagt

ובגלל זה ,הבורגנות נרדפת על פני כל פני כדור הארץ

Die Bourgeoisie muss sich überall einnisten, sich überall niederlassen, überall Verbindungen herstellen

הבורגנות חייבת לשכון בכל מקום ,להתיישב בכל מקום ,ליצור קשרים בכל מקום

Die Bourgeoisie muss in jedem Winkel der Welt Märkte schaffen, um sie auszubeuten

הבורגנות חייבת ליצור שווקים בכל פינה בעולם כדי לנצל אותם

Die Produktion und der Konsum in jedem Land haben einen kosmopolitischen Charakter erhalten

הייצור והצריכה בכל מדינה קיבלו אופי קוסמופוליטי

der Verdruss der Reaktionäre ist mit Händen zu greifen, aber er hat sich trotzdem fortgesetzt

מורת רוחם של הריאקציוניסטים ,היא מוחשית ,אך היא נמשכה ללא קשר

Die Bourgeoisie hat der Industrie den nationalen Boden, auf dem sie stand, unter den Füßen weggezogen

הבורגנות שאבה מתחת לרגלי התעשייה את הקרקע הלאומית שעליה עמדה

Alle alteingesessenen nationalen Industrien sind zerstört
worden oder werden täglich zerstört

כל התעשיות הלאומיות הוותיקות נהרסו ,או נהרסות מדי יום

Alle alteingesessenen nationalen Industrien werden durch
neue Industrien verdrängt

כל התעשיות הלאומיות הוותיקות נעקרות על ידי תעשיות חדשות

Ihre Einführung wird zu einer Frage von Leben und Tod für
alle zivilisierten Völker

הצגתם הופכת לשאלת חיים ומוות עבור כל האומות המתורבתות

Sie werden von Industrien verdrängt, die keine heimischen
Rohstoffe mehr verarbeiten

הם נעקרים על ידי תעשיות שכבר לא עובדות על חומרי גלם מקומיים

Stattdessen beziehen diese Industrien Rohstoffe aus den
entlegensten Zonen

במקום זאת ,תעשיות אלה שואבות חומרי גלם מהאזורים המרוחקים
ביותר

Industrien, deren Produkte nicht nur zu Hause, sondern in
allen Teilen der Welt konsumiert werden

תעשיות שמוצריהן נצרכים ,לא רק בבית ,אלא בכל רבע של העולם

An die Stelle der alten Bedürfnisse, die durch die
Erzeugnisse des Landes befriedigt werden, treten neue
Bedürfnisse

במקום הרצונות הישנים ,המסופקים על ידי ההפקות של המדינה ,אנו
מוצאים רצונות חדשים

Diese neuen Bedürfnisse bedürfen zu ihrer Befriedigung
der Produkte aus fernen Ländern und Klimazonen

רצונות חדשים אלה דורשים לשביעות רצונם את תוצרי ארצות
ואקלים רחוקים

An die Stelle der alten lokalen und nationalen
Abgeschiedenheit und Selbstversorgung tritt der Handel

במקום ההסתגרות המקומית והארצית הישנה ועצמאות ,יש לנו מסחר

internationaler Austausch in alle Richtungen; universelle
Interdependenz der Nationen

חליפין בינלאומי לכל כיוון ;תלות הדדית אוניברסלית של אומות

Und so wie wir von Materialien abhängig sind, so sind wir
von der intellektuellen Produktion abhängig

וכשם שיש לנו תלות בחומרים ,כך אנו תלויים בייצור אינטלקטואלי

Die geistigen Schöpfungen der einzelnen Nationen werden
zum Gemeingut

היצירות האינטלקטואליות של אומות בודדות הופכות לרכוש משותף

Nationale Einseitigkeit und Engstirnigkeit werden immer unmöglicher

חד-צדדיות לאומית וצרות אופקים הופכות יותר ויותר בלתי אפשריות

Und aus den zahlreichen nationalen und lokalen Literaturen entsteht eine Weltliteratur

ומהספרויות הלאומיות והמקומיות הרבות צומחת ספרות עולמית

durch die rasche Verbesserung aller Produktionsmittel

על ידי שיפור מהיר של כל מכשירי הייצור

durch die immens erleichterten Kommunikationsmittel

על ידי אמצעי התקשורת הקלים לאין שיעור

Die Bourgeoisie zieht alle (auch die barbarischsten Nationen) in die Zivilisation hinein

הבורגנות מושכת את כל (אפילו האומות הברבריות ביותר (לתוך הציוויליזציה

Die billigen Preise seiner Waren; die schwere Artillerie, die alle chinesischen Mauern niederreißt

המחירים הזולים של סחורותיה; הארטילריה הכבדה שמפילה את כל החומות הסיניות

Der hartnäckige Fremdenhass der Barbaren wird zur Kapitulation gezwungen

שנאתם העזה של הברברים לזרים נאלצת להיכנע

Sie zwingt alle Nationen, unter Androhung des Aussterbens, die Bourgeoisie Produktionsweise anzunehmen

היא מאלצת את כל האומות, על סף הכחדה, לאמץ את אופן הייצור הבורגני

Sie zwingt sie, das, was sie Zivilisation nennt, in ihre Mitte einzuführen

היא מאלצת אותם להכניס את מה שהיא מכנה ציוויליזציה לקרבם

Die Bourgeoisie zwingt die Barbaren, selbst zur Bourgeoisie zu werden

הבורגנות מאלצת את הברברים להפוך לבורגנים בעצמם

mit einem Wort, die Bourgeoisie schafft sich eine Welt nach ihrem Bilde

במילה אחת, הבורגנות יוצרת עולם אחרי דמותה שלה

Die Bourgeoisie hat das Land der Herrschaft der Städte unterworfen

הבורגנות הכפיפה את האזורים הכפריים לשלטון הערים

Sie hat riesige Städte geschaffen und die Stadtbevölkerung stark vergrößert

היא יצרה ערים עצומות והגדילה מאוד את האוכלוסייה העירונית

Sie rettete einen beträchtlichen Teil der Bevölkerung vor der Idiotie des Landlebens

היא הצילה חלק ניכר מהאוכלוסייה מהטיפשות של החיים הכפריים

Aber sie hat die Menschen auf dem Lande von den Städten abhängig gemacht

אבל זה הפך את אלה באזורים הכפריים לתלויים בעיירות

Und ebenso hat sie die barbarischen Länder von den zivilisierten abhängig gemacht

וכמו כן, היא הפכה את המדינות הברבריות לתלויות במתורבתים

Bauernnationen gegen Völker der Bourgeoisie, Osten gegen Westen

אומות של איכרים על אומות בורגניות, המזרח על המערב

Die Bourgeoisie beseitigt den zerstreuten Zustand der Bevölkerung mehr und mehr

הבורגנות מבטלת יותר ויותר את מצבה המפוזר של האוכלוסייה

Sie hat die Produktion agglomeriert und das Eigentum in wenigen Händen konzentriert

יש לו ייצור מצטבר, ויש לו רכוש מרוכז בכמה ידיים

Die notwendige Konsequenz daraus war eine politische Zentralisierung

התוצאה ההכרחית של זה הייתה ריכוזיות פוליטית

Es gab unabhängige Nationen und lose miteinander verbundene Provinzen

היו אומות עצמאיות ופרובינציות קשורות באופן רופף

Sie hatten getrennte Interessen, Gesetze, Regierungen und Steuersysteme

היו להם אינטרסים, חוקים, ממשלות ומערכות מיסוי נפרדות

Aber sie sind zu einer Nation zusammengeschmolzen, mit einer Regierung

אבל הם התאחדו לאומה אחת, עם ממשלה אחת

Sie haben jetzt ein nationales Klasseninteresse, eine Grenze und einen Zolltarif

כעת יש להם אינטרס מעמדי לאומי אחד, גבול אחד ומכס אחד

Und dieses nationale Klasseninteresse ist unter einem Gesetzbuch vereinigt

והאינטרס המעמדי הלאומי הזה מאוחד תחת קוד חוק אחד

die Bourgeoisie hat während ihrer knapp hundertjährigen
Herrschaft viel erreicht

הבורגנות השיגה הרבה במהלך שלטונה בן מאה השנים

massivere und kolossalere Produktivkräfte als alle
vorhergehenden Generationen zusammen

כוחות ייצור עצומים ועצומים יותר מאשר כל הדורות הקודמים יחד

Die Kräfte der Natur sind dem Willen des Menschen und
seiner Maschinerie unterworfen

כוחות הטבע משועבדים לרצון האדם ומכונותיו

Die Chemie wird auf alle Industrieformen und
Landwirtschaftsformen angewendet

כימיה מוחלת על כל צורות התעשייה וסוגי החקלאות

Dampfschiffahrt, Eisenbahnen, elektrische Telegraphen und
die Druckerpresse

ניווט בקיטור, מסילות ברזל, טלגרף חשמלי ומכבש הדפוס

Rodung ganzer Kontinente für den Anbau, Kanalisierung
von Flüssen

ניקוי יבשות שלמות לעיבוד, תיעול נהרות

ganze Populationen wurden aus dem Boden gezaubert und
an die Arbeit gebracht

אוכלוסיות שלמות הועלו מהאדמה והוצאו לעבודה

Welches frühere Jahrhundert hatte auch nur eine Ahnung
von dem, was entfesselt werden könnte?

לאיזו מאה מוקדמת היה אפילו רגש מקדים של מה שניתן לשחרר?

Wer hat vorausgesagt, dass solche Produktivkräfte im Schoß
der gesellschaftlichen Arbeit schlummern?

מי חזה שכוחות יצרניים כאלה ישנמו בחיק העבודה הסוציאלית?

Wir sehen also, daß die Produktions- und Tauschmittel in
der feudalen Gesellschaft erzeugt wurden

אנו רואים אם כן שאמצעי הייצור והחליפין נוצרו בחברה הפיאודלית

die Produktionsmittel, auf deren Grundlage sich die
Bourgeoisie aufbaute

אמצעי הייצור שעל יסודותיהם בנתה עצמה הבורגנות

Auf einer bestimmten Stufe der Entwicklung dieser
Produktions- und Tauschmittel

בשלב מסוים בהתפתחות אמצעי הייצור והחליפין הללו

die Bedingungen, unter denen die feudale Gesellschaft
produzierte und tauschte

התנאים שבהם החברה הפיאודלית ייצרה והחליפה

Die feudale Organisation der Landwirtschaft und des verarbeitenden Gewerbes
הארגון הפיאודלי של תעשיית החקלאות והייצור
Die feudalen Eigentumsverhältnisse waren mit den materiellen Verhältnissen nicht mehr vereinbar
היחסים הפיאודליים של הרכוש כבר לא תאמו את התנאים החומריים
Sie mussten gesprengt werden, also wurden sie auseinandergesprengt
היה צריך לפוצץ אותם ,אז הם התפוצצו
An ihre Stelle trat die freie Konkurrenz der Produktivkräfte
במקומם נכנסה תחרות חופשית מצד כוחות הייצור
Und sie wurden von einer ihr angepassten sozialen und politischen Verfassung begleitet
והם לוו בחוקה חברתית ופוליטית שהותאמה לה
und sie wurde begleitet von der ökonomischen und politischen Herrschaft der Bourgeoisie Klasse
והיא לוותה בהשפעה כלכלית ופוליטית של המעמד הבורגני
Eine ähnliche Bewegung vollzieht sich vor unseren eigenen Augen
תנועה דומה מתרחשת לנגד עינינו
Die moderne Bourgeoisie Gesellschaft mit ihren Produktions-, Tausch- und Eigentumsverhältnissen
החברה הבורגנית המודרנית עם יחסי הייצור ,החליפין והרכוש
eine Gesellschaft, die so gigantische Produktions- und Tauschmittel heraufbeschworen hat
חברה שהמציאה אמצעי ייצור וחליפין עצומים כאלה
Es ist wie der Zauberer, der die Mächte der Unterwelt heraufbeschworen hat
זה כמו המכשף שגייס את הכוחות של העולם התחתון
Aber er ist nicht mehr in der Lage, zu kontrollieren, was er in die Welt gebracht hat
אבל הוא כבר לא מסוגל לשלוט במה שהוא הביא לעולם
Viele Jahrzehnte lang war die vergangene Geschichte durch einen roten Faden miteinander verbunden
במשך עשור רב ההיסטוריה הייתה קשורה בחוט מקשר
Die Geschichte der Industrie und des Handels ist nichts anderes als die Geschichte der Revolten
ההיסטוריה של התעשייה והמסחר לא הייתה אלא היסטוריה של מרידות

die Revolten der modernen Produktivkräfte gegen die
modernen Produktionsbedingungen

המרידות של כוחות הייצור המודרניים נגד תנאי הייצור המודרניים

die Revolten der modernen Produktivkräfte gegen die
Eigentumsverhältnisse

המרידות של כוחות הייצור המודרניים נגד יחסי הרכוש

diese Eigentumsverhältnisse sind die Bedingungen für die
Existenz der Bourgeoisie

יחסי קניין אלה הם התנאים לקיומה של הבורגנות

und die Existenz der Bourgeoisie bestimmt die Regeln der
Eigentumsverhältnisse

וקיומה של הבורגנות קובע את כללי יחסי הרכוש

Es genügt, die periodische Wiederkehr von Handelskrisen
zu erwähnen

מספיק להזכיר את חזרתם התקופתית של משברים מסחריים

jede Handelskrise ist für die Bourgeoisie Gesellschaft
bedrohlicher als die letzte

כל משבר מסחרי מאיים על החברה הבורגנית יותר מקודמו

In diesen Krisen wird ein großer Teil der bestehenden
Produkte vernichtet

במשברים אלה מושמדים חלק גדול מהמוצרים הקיימים

Diese Krisen zerstören aber auch die zuvor geschaffenen
Produktivkräfte

אבל המשברים האלה גם הורסים את כוחות הייצור שנוצרו בעבר

In allen früheren Epochen wären diese Epidemien als
Absurdität erschienen

בכל התקופות הקודמות המגיפות האלה היו נראות אבסורד

denn diese Epidemien sind die kommerziellen Krisen der
Überproduktion

כי המגיפות האלה הן המשברים המסחריים של ייצור יתר

Die Gesellschaft befindet sich plötzlich wieder in einem
Zustand der momentanen Barbarei

החברה מוצאת את עצמה לפתע מוחזרת למצב של ברבריות רגעית

als ob ein allgemeiner Verwüstungskrieg jede Möglichkeit
des Lebensunterhalts abgeschnitten hätte

כאילו מלחמת חורבן אוניברסלית קטעה כל אמצעי קיום

Industrie und Handel scheinen zerstört worden zu sein; Und
warum?

?נראה כי התעשייה והמסחר נהרסו ;ולמה

Weil es zu viel Zivilisation und Subsistenzmittel gibt

כי יש יותר מדי ציוויליזציה ואמצעי קיום

Und weil es zu viel Industrie und zu viel Handel gibt

ובגלל שיש יותר מדי תעשייה ,ויותר מדי מסחר

Die Produktivkräfte, die der Gesellschaft zur Verfügung
stehen, entwickeln nicht mehr das Bourgeoisie Eigentum

כוחות הייצור העומדים לרשות החברה אינם מפתחים עוד רכוש בורגני

im Gegenteil, sie sind zu mächtig geworden für diese
Verhältnisse, durch die sie gefesselt sind

להיפך ,הם הפכו חזקים מדי עבור תנאים אלה ,שבהם הם כבולים

sobald sie diese Fesseln überwunden haben, bringen sie
Unordnung in die ganze Bourgeoisie Gesellschaft

ברגע שהם מתגברים על העוברים האלה ,הם מכניסים אי-סדר לכל
החברה הבורגנית

und die Produktivkräfte gefährden die Existenz des
Bourgeoisie Eigentums

וכוחות הייצור מסכנים את קיומו של רכוש בורגני

Die Bedingungen der Bourgeoisie Gesellschaft sind zu eng,
um den von ihnen geschaffenen Reichtum zu erfassen

התנאים של החברה הבורגנית צרים מכדי להכיל את העושר שנוצר על
ידם

Und wie überwindet die Bourgeoisie diese Krisen?

?ואיך הבורגנות מתגברת על המשברים האלה

Einerseits überwindet sie diese Krisen durch die
erzwungene Vernichtung einer Masse von Produktivkräften

מצד אחד ,היא מתגברת על משברים אלה על ידי הרס כפוי של מסה
של כוחות יצרניים

Andererseits überwindet sie diese Krisen durch die
Eroberung neuer Märkte

מצד שני ,היא מתגברת על משברים אלה על ידי כיבוש שווקים חדשים

Und sie überwindet diese Krisen durch die gründlichere
Ausbeutung der alten Produktivkräfte

והיא מתגברת על משברים אלה באמצעות ניצול יסודי יותר של כוחות
הייצור הישנים

Das heißt, indem sie den Weg für umfangreichere und
zerstörerischere Krisen ebnen

כלומר ,על ידי סלילת הדרך למשברים נרחבים והרסניים יותר

Sie überwindet die Krise, indem sie die Mittel zur
Krisenprävention einschränkt

היא מתגברת על המשבר על ידי צמצום האמצעים שבאמצעותם נמנעים משברים

Die Waffen, mit denen die Bourgeoisie den Feudalismus zu Fall brachte, sind jetzt gegen sich selbst gerichtet

כלי הנשק שבעזרתם הפילה הבורגנות את הפיאודליזם ארצה מופנים עתה נגד עצמה

Aber die Bourgeoisie hat nicht nur die Waffen geschmiedet, die sich selbst den Tod bringen

אבל לא רק הבורגנות חישלה את כלי הנשק שמביאים מוות לעצמה

Sie hat auch die Männer ins Leben gerufen, die diese Waffen führen sollen

היא גם קראה לקיום האנשים שאמורים להחזיק בכלי נשק אלה

Und diese Männer sind die moderne Arbeiterklasse; Sie sind die Proletarier

והאנשים האלה הם מעמד הפועלים המודרני ;הם הפרולטרים

In dem Maße, wie die Bourgeoisie entwickelt ist, entwickelt sich auch das Proletariat

בפרופורציה שבה מתפתחת הבורגנות ,באותו יחס מתפתח הפרולטריון

Die moderne Arbeiterklasse entwickelte eine Klasse von Arbeitern

מעמד הפועלים המודרני פיתח מעמד של פועלים

Diese Klasse von Arbeitern lebt nur so lange, wie sie Arbeit findet

מעמד זה של פועלים חי רק כל עוד הוא מוצא עבודה

Und sie finden nur so lange Arbeit, wie ihre Arbeit das Kapital vermehrt

והם מוצאים עבודה רק כל עוד עבודתם מגדילה את ההון

Diese Arbeiter, die sich stückweise verkaufen müssen, sind eine Ware

הפועלים האלה ,שנאלצים למכור לעצמם חתיכת ארוחה ,הם סחורה

Diese Arbeiter sind wie jeder andere Handelsartikel

פועלים אלה הם ככל דבר מסחר אחר

und sie sind folglich allen Wechselfällen des Wettbewerbs ausgesetzt

וכתוצאה מכך הם חשופים לכל תהפוכות התחרות

Sie müssen alle Schwankungen des Marktes überstehen

הם צריכים לשרוד את כל התנודות של השוק

Aufgrund des umfangreichen Maschineneinsatzes und der Arbeitsteilung

בשל השימוש הנרחב במכונות וחלוקת העבודה

Die Arbeit der Proletarier hat jeden individuellen Charakter verloren

עבודתם של הפרולטרים איבדה כל אופי אינדיבידואלי

Und folglich hat die Arbeit der Proletarier für den Arbeiter jeden Reiz verloren

וכתוצאה מכך, עבודתם של הפרולטרים איבדה כל קסם עבור הפועל

Er wird zu einem Anhängsel der Maschine und nicht mehr zu dem Mann, der er einmal war

הוא הופך להיות נספח של המכונה, ולא האדם שהיה פעם

Nur das einfachste, eintönigste und am leichtesten zu erwerbende Geschick wird von ihm verlangt

רק הכישרון הפשוט, המונוטוני והנרכש ביותר נדרש ממנו

Daher sind die Produktionskosten eines Arbeiters begrenzt

לפיכך, עלות הייצור של עובד מוגבלת

sie beschränkt sich fast ausschließlich auf die Mittel zur Bestreitung des Lebensunterhalts, die er zu seinem Unterhalt benötigt

היא מוגבלת כמעט לחלוטין לאמצעי הקיום הדרושים לו לתחזוקתו

und sie beschränkt sich auf die Subsistenzmittel, die er zur Fortpflanzung seiner Rasse benötigt

והיא מוגבלת לאמצעי הקיום הדרושים לו להפצת גזעו

Aber der Preis einer Ware, also auch der Arbeit, ist gleich ihren Produktionskosten

אבל מחירה של סחורה, ולכן גם של עבודה, שווה לעלות הייצור שלה

In dem Maße also, wie die Widerwärtigkeit der Arbeit zunimmt, sinkt der Lohn

בפרופורציה, אם כן, ככל שהדחייה של העבודה עולה, השכר יורד

Ja, die Widerwärtigkeit seiner Arbeit nimmt sogar noch mehr zu

לא, הדחייה של עבודתו עולה בקצב גדול עוד יותר

In dem Maße, wie der Einsatz von Maschinen und die Arbeitsteilung zunehmen, steigt auch die Last der Arbeit

ככל שהשימוש במכונות וחלוקת העבודה גדלים, כך גדל עול העמל

Die Arbeitsbelastung wird durch die Verlängerung der Arbeitszeit erhöht

נטל העמל גדל על ידי הארכת שעות העבודה

Dem Arbeiter wird in der gleichen Zeit mehr zugemutet als zuvor

יותר מצופה מהפועל באותו זמן כמו קודם

Und natürlich wird die Last der Arbeit durch die Geschwindigkeit der Maschinerie erhöht

;וכמובן ,נטל העמל גדל על ידי מהירות המכונות

Die moderne Industrie hat die kleine Werkstatt des patriarchalischen Meisters in die große Fabrik des industriellen Kapitalisten verwandelt

התעשייה המודרנית הפכה את בית המלאכה הקטן של המאסטר הפטריארכלי למפעל הגדול של הקפיטליסט התעשייתי

Massen von Arbeitern, die in die Fabrik gedrängt sind, sind wie Soldaten organisiert

המוני פועלים ,מצטופפים במפעל ,מאורגנים כמו חיילים

Als Gefreite der Industriearmee stehen sie unter dem Kommando einer vollkommenen Hierarchie von Offizieren und Unteroffizieren

כטוראים של הצבא התעשייתי הם מוצבים תחת פיקוד הירארכיה מושלמת של קצינים וסמלים

sie sind nicht nur die Sklaven der Bourgeoisie und des Staates

הם לא רק עבדים של המעמד והמדינה הבורגניים

Aber sie werden auch täglich und stündlich von der Maschine versklavt

אבל הם גם משועבדים מדי יום ושעה על ידי המכונה

sie sind Sklaven des Aufsehers und vor allem des einzelnen Bourgeoisie Fabrikanten selbst

הם משועבדים למתבונן ,ומעל לכל ,ליצרן הבורגני האינדיבידואלי עצמו

Je offener dieser Despotismus den Gewinn als seinen Zweck und sein Ziel proklamiert, desto kleinlicher, verhaßter und verbitterender ist er

ככל שעריצות זו מכריזה בגלוי יותר על רווח כמטרתה וכמטרתה ,כך היא קטנונית יותר ,שנואה יותר וממררת יותר

Je mehr sich die moderne Industrie entwickelt, desto geringer sind die Unterschiede zwischen den Geschlechtern

ככל שהתעשייה המודרנית מתפתחת ,כך פוחתים ההבדלים בין המינים

Je geringer die Geschicklichkeit und Kraftanstrengung der Handarbeit ist, desto mehr wird die Arbeit der Männer von der der Frauen verdrängt

,ככל שהמיומנות והפעלת הכוח המשתמעות מעבודת כפיים פחותות כך גוברת עבודת הגברים על זו של הנשים

Alters- und Geschlechtsunterschiede haben für die Arbeiterklasse keine besondere gesellschaftliche Gültigkeit mehr

להבדלי גיל ומין כבר אין תוקף חברתי ייחודי למעמד הפועלים

Alle sind Arbeitsinstrumente, die je nach Alter und Geschlecht mehr oder weniger teuer zu gebrauchen sind

כולם כלי עבודה ,יקרים יותר או פחות לשימוש ,בהתאם לגילם ולמינם

sobald der Arbeiter seinen Lohn in bar erhält, wird er von den übrigen Teilen der Bourgeoisie angegriffen

ברגע שהפועל מקבל את שכרו במזומן ,מאשר הוא נקבע על ידי החלקים האחרים של הבורגנות

der Vermieter, der Ladenbesitzer, der Pfandleiher usw

בעל הבית ,בעל החנות ,העבוט וכו'

Die unteren Schichten der Mittelschicht; die kleinen Handwerker und Ladenbesitzer

השכבות הנמוכות של מעמד הביניים ;אנשי המסחר הקטנים ובעלי החנויות

die pensionierten Gewerbetreibenden überhaupt, die Handwerker und Bauern

בעלי המלאכה בדימוס בכלל ,ובעלי המלאכה והאיכרים

all dies sinkt allmählich in das Proletariat ein

כל אלה שוקעים בהדרגה לתוך הפרולטריון

theils deshalb, weil ihr winziges Kapital nicht ausreicht für den Maßstab, in dem die moderne Industrie betrieben wird

בין השאר משום שההון הזעיר שלהם אינו מספיק לקנה המידה שבו התעשייה המודרנית מתנהלת

und weil sie in der Konkurrenz mit den Großkapitalisten überschwemmt wird

ומשום שהיא מוצפת בתחרות עם בעלי ההון הגדולים

zum Teil deshalb, weil ihr spezialisiertes Können durch die neuen Produktionsmethoden wertlos wird

חלקית משום שהמיומנות המיוחדת שלהם הופכת לחסרת ערך על ידי שיטות הייצור החדשות

So rekrutiert sich das Proletariat aus allen Klassen der Bevölkerung

כך מגויס הפרולטריון מכל שכבות האוכלוסייה

Das Proletariat durchläuft verschiedene Entwicklungsstufen

הפרולטריון עובר שלבים שונים של התפתחות

Mit ihrer Geburt beginnt der Kampf mit der Bourgeoisie

עם לידתה מתחיל מאבקה עם הבורגנות

Zuerst wird der Kampf von einzelnen Arbeitern geführt

בתחילה התחרות מתבצעת על ידי עובדים בודדים

Dann wird der Kampf von den Arbeitern einer Fabrik ausgetragen

ואז התחרות מתבצעת על ידי עובדי מפעל

Dann wird der Kampf von den Arbeitern eines Gewerbes an einem Ort ausgetragen

לאחר מכן התחרות מתבצעת על ידי פעילי סחר אחד, ביישוב אחד

und der Kampf richtet sich dann gegen die einzelne Bourgeoisie, die sie direkt ausbeutet

ואז התחרות היא נגד הבורגנות האינדיבידואלית שמנצלת אותם ישירות

Sie richten ihre Angriffe nicht gegen die Bourgeoisie Produktionsbedingungen

הם מכוונים את התקפותיהם לא נגד תנאי הייצור הבורגניים

aber sie richten ihren Angriff gegen die Produktionsmittel selbst

אבל הם מכוונים את התקפתם נגד מכשירי הייצור עצמם

Sie vernichten importierte Waren, die mit ihrer Arbeitskraft konkurrieren

הם הורסים סחורה מיובאת שמתחרה בעמלם

Sie zertrümmern Maschinen und setzen Fabriken in Brand

הם מנפצים לרסיסים מכונות והם מציתים מפעלים

sie versuchen, den verschwundenen Status des Arbeiters des Mittelalters mit Gewalt wiederherzustellen

הם מבקשים לשקם בכוח את מעמדו הנעלם של הפועל של ימי הביניים

In diesem Stadium bilden die Arbeiter noch eine unzusammenhängende Masse, die über das ganze Land verstreut ist

בשלב זה העובדים עדיין מהווים מסה לא קוהרנטית המפוזרת על פני כל הארץ

und sie werden durch ihre gegenseitige Konkurrenz zerrissen

והם מפורקים על ידי התחרות ההדדית שלהם

Wenn sie sich irgendwo zu kompakteren Körpern vereinigen, so ist dies noch nicht die Folge ihrer eigenen aktiven Vereinigung

אם בכל מקום הם מתאחדים כדי ליצור גופים קומפקטיים יותר, זה עדיין לא תוצאה של האיחוד הפעיל שלהם

aber es ist eine Folge der Vereinigung der Bourgeoisie, ihre
eigenen politischen Ziele zu erreichen

אבל היא תוצאה של איחוד הבורגנות ,להשיג את מטרותיו הפוליטיות

die Bourgeoisie ist gezwungen, das ganze Proletariat in
Bewegung zu setzen

הבורגנות נאלצת להניע את הפרולטריון כולו

und überdies ist die Bourgeoisie eine Zeitlang dazu in der
Lage

יתר על כן ,לעת עתה ,הבורגנות מסוגלת לעשות זאת

In diesem Stadium kämpfen die Proletarier also nicht gegen
ihre Feinde

בשלב זה ,אם כן ,הפרולטרים אינם נלחמים באויביהם

Stattdessen kämpfen sie gegen die Feinde ihrer Feinde

אלא במקום זאת הם נלחמים באויבי אויביהם

Der Kampf gegen die Überreste der absoluten Monarchie
und die Großgrundbesitzer

להילחם בשרידי המלוכה האבסולוטית ובבעלי האדמות

sie bekämpfen die nicht-industrielle Bourgeoisie; das
Kleiliche Bourgeoisie

הם נלחמים בבורגנות הלא-תעשייתית ;הבורגנות הזעירה

So ist die ganze historische Bewegung in den Händen der
Bourgeoisie konzentriert

כך מרוכזת התנועה ההיסטורית כולה בידי הבורגנות

jeder so errungene Sieg ist ein Sieg der Bourgeoisie

כל ניצחון שהושג כך הוא ניצחון של הבורגנות

Aber mit der Entwicklung der Industrie wächst nicht nur die
Zahl des Proletariats

אבל עם התפתחות התעשייה הפרולטריון לא רק גדל במספר

das Proletariat konzentriert sich in größeren Massen und
seine Kraft wächst

הפרולטריון מתרכז במסות גדולות יותר וכוחו גדל

und das Proletariat spürt diese Kraft mehr und mehr

והפרולטריון מרגיש את הכוח הזה יותר ויותר

Die verschiedenen Interessen und Lebensbedingungen in
den Reihen des Proletariats gleichen sich mehr und mehr an

האינטרסים ותנאי החיים השונים בשורות הפרולטריון שווים יותר
ויותר

sie werden in dem Maße größer, wie die Maschinerie alle
Unterschiede der Arbeit verwischt

הם נעשים יותר בפרופורציה ככל שהמכונות מוחקות את כל ההבחנות
של העבודה

Und die Maschinen senken fast überall die Löhne auf das
gleiche niedrige Niveau

ומכונות כמעט בכל מקום מפחיתות את השכר לאותה רמה נמוכה

Die wachsende Konkurrenz der Bourgeoisie und die daraus
resultierenden Handelskrisen lassen die Löhne der Arbeiter
immer schwankender

התחרות הגוברת בין הבורגנים ,והמשברים המסחריים הנובעים מכך
הופכים את שכר העובדים לתנודתי יותר ויותר

Die unaufhörliche Verbesserung der sich immer schneller
entwickelnden Maschinen macht ihren Lebensunterhalt
immer prekärer

השיפור הבלתי פוסק של המכונות ,המתפתחות במהירות הולכת
וגוברת ,הופך את פרנסתן למסוכנת יותר ויותר

die Kollisionen zwischen einzelnen Arbeitern und
einzelnen Bourgeoisien nehmen immer mehr den Charakter
von Zusammenstößen zwischen zwei Klassen an

ההתנגשויות בין פועלים בודדים לבין בורגנות אינדיבידואלית לובשות
יותר ויותר אופי של התנגשויות בין שני מעמדות

Darauf beginnen die Arbeiter, sich gegen die Bourgeoisie zu
verbünden (Gewerkschaften)

לאחר מכן הפועלים מתחילים ליצור קומבינציות)איגודים מקצועיים(
נגד הבורגנות

Sie schließen sich zusammen, um die Löhne hoch zu halten

הם מתאגדים יחד כדי לשמור על שיעור השכר

sie gründeten ständige Vereinigungen, um für diese
gelegentlichen Revolten im voraus Vorsorge zu treffen

הם מצאו אגודות קבועות כדי לדאוג מראש למרידות מזדמנות אלה.

Hier und da bricht der Wettkampf in Ausschreitungen aus

פה ושם פורצת התחרות למהומות

Hin und wieder siegen die Arbeiter, aber nur für eine
gewisse Zeit

מדי פעם העובדים מנצחים ,אבל רק לזמן מה

Die wirkliche Frucht ihrer Kämpfe liegt nicht in den
unmittelbaren Ergebnissen, sondern in der immer größer
werdenden Vereinigung der Arbeiter

הפרי האמיתי של מאבקיהם טמון לא בתוצאה המיידית ,אלא
בהתאגדות העובדים המתרחבת ללא הרף

Diese Vereinigung wird durch die verbesserten
Kommunikationsmittel unterstützt, die von der modernen
Industrie geschaffen werden

איחוד זה נעזר באמצעי התקשורת המשופרים שנוצרו על ידי
התעשייה המודרנית

Die moderne Kommunikation bringt die Arbeiter
verschiedener Orte miteinander in Kontakt

התקשורת המודרנית מציבה את עובדי היישובים השונים במגע זה עם
זה

Es war gerade dieser Kontakt, der nötig war, um die
zahlreichen lokalen Kämpfe zu einem nationalen Kampf
zwischen den Klassen zu zentralisieren

רק קשר זה היה נחוץ כדי לרכז את המאבקים המקומיים הרבים
למאבק לאומי אחד בין המעמדות

Alle diese Kämpfe haben den gleichen Charakter, und jeder
Klassenkampf ist ein politischer Kampf

כל המאבקים האלה הם בעלי אופי זהה, וכל מאבק מעמדי הוא מאבק
פוליטי

die Bürger des Mittelalters mit ihren elenden Landstraßen
brauchten Jahrhunderte, um ihre Vereinigungen zu bilden

הבורגנים של ימי הביניים, עם הכבישים המהירים העלובים שלהם,
נזקקו למאות שנים כדי ליצור את האיגודים שלהם

Die modernen Proletarier erreichen dank der Eisenbahn ihre
Gewerkschaften innerhalb weniger Jahre

הפרולטרים המודרניים, הודות למסילות ברזל, משיגים את האיגודים
שלהם תוך שנים ספורות

Diese Organisation der Proletarier zu einer Klasse formte sie
folglich zu einer politischen Partei

ארגון זה של הפרולטרים למעמד הפך אותם למפלגה פוליטית

Die politische Klasse wird immer wieder durch die
Konkurrenz zwischen den Arbeitern selbst verärgert

המעמד הפוליטי מוטרד שוב ושוב מהתחרות בין העובדים לבין עצמם

Aber die politische Klasse erhebt sich weiter, stärker, fester,
mächtiger

אבל המעמד הפוליטי ממשיך להתקומם שוב, חזק יותר, מוצק יותר,
חזק יותר

Er zwingt zur gesetzgeberischen Anerkennung der
besonderen Interessen der Arbeitnehmer

היא מחייבת הכרה חקיקתית באינטרסים פרטיקולריים של העובדים

sie tut dies, indem sie sich die Spaltungen innerhalb der
Bourgeoisie selbst zunutze macht

היא עושה זאת על ידי ניצול המחלוקות בין הבורגנים עצמם

Damit wurde das Zehnstundengesetz in England in Kraft
gesetzt

כך נחקק חוק עשר השעות באנגליה

in vielerlei Hinsicht ist der Zusammenstoß zwischen den
Klassen der alten Gesellschaft ferner der Entwicklungsgang
des Proletariats

במובנים רבים, ההתנגשויות בין המעמדות של החברה הישנה הן מהלך
התפתחותו של הפרולטריון

Die Bourgeoisie befindet sich in einem ständigen Kampf

הבורגנות מוצאת את עצמה מעורבת במאבק מתמיד

Zuerst wird sie sich in einem ständigen Kampf mit der
Aristokratie wiederfinden

בתחילה היא תמצא את עצמה מעורבת במאבק מתמיד עם
האריסטוקרטיה

später wird sie sich in einem ständigen Kampf mit diesen
Teilen der Bourgeoisie selbst wiederfinden

מאוחר יותר היא תמצא את עצמה מעורבת במאבק מתמיד עם אותם
חלקים של הבורגנות עצמה

und ihre Interessen werden dem Fortschritt der Industrie
entgegengesetzt sein

והאינטרסים שלהם יהפכו לאנטגוניסטיים להתקדמות התעשייה

zu allen Zeiten werden ihre Interessen mit der Bourgeoisie
fremder Länder in Konflikt geraten sein

בכל עת, האינטרסים שלהם יהפכו לאנטגוניסטיים עם הבורגנות של
מדינות זרות

In allen diesen Kämpfen sieht sie sich genötigt, an das
Proletariat zu appellieren, und bittet es um Hilfe

בכל הקרבות הללו היא רואה עצמה מחויבת לפנות אל הפרולטריון,
ומבקשת את עזרתו

Und so wird sie sich gezwungen sehen, sie in die politische
Arena zu zerren

וכך, היא תרגיש צורך לגרור אותה לזירה הפוליטית

Die Bourgeoisie selbst versorgt also das Proletariat mit ihren
eigenen Instrumenten der politischen und allgemeinen
Erziehung

הבורגנות עצמה, אם כן, מספקת לפרולטריון כלים משלה לחינוך
פוליטי וכללי

mit anderen Worten, sie liefert dem Proletariat Waffen für
den Kampf gegen die Bourgeoisie

במילים אחרות, היא מספקת לפרולטריון נשק למאבק בבורגנות

Ferner werden, wie wir schon gesehen haben, ganze
Schichten der herrschenden Klassen in das Proletariat
hineingestürzt

יתר על כן, כפי שכבר ראינו, חלקים שלמים של המעמדות השליטים
מובלים לתוך הפרולטריון

der Fortschritt der Industrie saugt sie in das Proletariat
hinein

התקדמות התעשייה שואבת אותם לתוך הפרולטריון

oder zumindest sind sie in ihren Existenzbedingungen
bedroht

או, לפחות, הם מאוימים בתנאי הקיום שלהם

Diese versorgen auch das Proletariat mit frischen Elementen
der Aufklärung und des Fortschritts

אלה גם מספקים לפרולטריון אלמנטים רעננים של נאורות וקידמה

Endlich, in Zeiten, in denen sich der Klassenkampf der
entscheidenden Stunde nähert

לבסוף, בזמנים בהם המאבק המעמדי מתקרב לשעת ההכרעה

Der Auflösungsprozess innerhalb der herrschenden Klasse

תהליך ההתפוררות המתרחש בתוך המעמד השליט

In der Tat wird die Auflösung, die sich innerhalb der
herrschenden Klasse vollzieht, in der gesamten Bandbreite
der Gesellschaft zu spüren sein

למעשה, ההתפוררות המתרחשת בתוך המעמד השליט תורגש בכל
טווח החברה

Sie wird einen so gewalttätigen, krassen Charakter
annehmen, dass ein kleiner Teil der herrschenden Klasse
sich selbst abtreibt

היא תלבש אופי כה אלים ובוהק, עד שחלק קטן מהמעמד השליט
יחתוך את עצמו

Und diese herrschende Klasse wird sich der revolutionären
Klasse anschließen

והמעמד השליט הזה יצטרף למעמד המהפכני

Die revolutionäre Klasse ist die Klasse, die die Zukunft in
ihren Händen hält

המעמד המהפכני הוא המעמד שמחזיק את העתיד בידיו

Wie in früheren Zeiten ging ein Teil des Adels zur
Bourgeoisie über

בדיוק כמו בתקופה מוקדמת יותר, חלק מהאצולה עבר לבורגנות

ebenso wird ein Teil der Bourgeoisie zum Proletariat
übergehen

באותו אופן חלק מהבורגנות יעבור לפרולטריון

insbesondere wird ein Teil der Bourgeoisie zu einem Teil
der Bourgeoisie Ideologen übergehen

בפרט, חלק מהבורגנות יעבור לחלק מהאידיאולוגים הבורגנים

Bourgeoisie Ideologen, die sich auf die Ebene erhoben
haben, die historische Bewegung als Ganzes theoretisch zu
begreifen

אידיאולוגים בורגנים שהעלו את עצמם לרמה של הבנה תיאורטית של
התנועה ההיסטורית בכללותה

Von allen Klassen, die heute der Bourgeoisie
gegenüberstehen, ist das Proletariat allein eine wirklich
revolutionäre Klasse

מכל המעמדות העומדים פנים אל פנים מול הבורגנות כיום,
הפרולטריון לבדו הוא מעמד מהפכני באמת

Die anderen Klassen zerfallen und verschwinden
schließlich im Angesicht der modernen Industrie

המעמדות האחרים נרקבים ולבסוף נעלמים לנוכח התעשייה המודרנית

das Proletariat ist ihr besonderes und wesentliches Produkt

הפרולטריון הוא המוצר המיוחד והחיוני שלו

Die untere Mittelschicht, der kleine Fabrikant, der
Ladenbesitzer, der Handwerker, der Bauer

המעמד הבינוני הנמוך, היצרן הקטן, בעל החנות, בעל המלאכה, האיכר

all diese Kämpfe gegen die Bourgeoisie

כל אלה נלחמים נגד הבורגנות

Sie kämpfen als Fraktionen der Mittelschicht, um sich vor
dem Aussterben zu retten

הם נלחמים כשברירי מעמד הביניים כדי להציל את עצמם מהכחדה

Sie sind also nicht revolutionär, sondern konservativ

לכן הם אינם מהפכנים, אלא שמרנים

Ja, mehr noch, sie sind reaktionär, denn sie versuchen, das
Rad der Geschichte zurückzudrehen

יותר מזה, הם ריאקציונרים, כי הם מנסים להחזיר את גלגל
ההיסטוריה לאחור

Wenn sie zufällig revolutionär sind, so sind sie es nur im Hinblick auf ihre bevorstehende Überführung in das Proletariat

אם במקרה הם מהפכנים, הם כך רק לאור העברתם הצפויה לפרולטריון

Sie verteidigen also nicht ihre gegenwärtigen, sondern ihre zukünftigen Interessen

בכך הם מגינים לא על האינטרסים הנוכחיים שלהם, אלא על האינטרסים העתידיים שלהם

sie verlassen ihren eigenen Standpunkt, um sich auf den des Proletariats zu stellen

הם נוטשים את עמדתם שלהם כדי להציב את עצמם בעמדת הפרולטריון

Die »gefährliche Klasse«, der soziale Abschaum, diese passiv verrottende Masse, die von den untersten Schichten der alten Gesellschaft abgeworfen wird

המעמד המסוכן, "החלאה החברתית, אותו מסה נרקבת פסיבית" שנזרקת על ידי השכבות הנמוכות ביותר של החברה הישנה

sie können hier und da von einer proletarischen Revolution in die Bewegung hineingerissen werden

הם עשויים, פה ושם, להיסחף לתוך התנועה על ידי מהפכה פרולטרית

Seine Lebensbedingungen bereiten ihn jedoch viel mehr auf die Rolle eines bestochenen Werkzeugs reaktionärer Intrigen vor

תנאי חייו, לעומת זאת, מכינים אותו הרבה יותר לתפקיד של כלי שוחד של תככים ריאקציונרים

In den Verhältnissen des Proletariats sind die Verhältnisse der alten Gesellschaft im Allgemeinen bereits praktisch überschwemmt

בתנאים של הפרולטריון, אלה של החברה הישנה בכללותה כבר מוצפים כמעט לחלוטין

Der Proletarier ist ohne Eigentum

הפרולטריון הוא ללא רכוש

sein Verhältnis zu Frau und Kindern hat mit den Familienverhältnissen der Bourgeoisie nichts mehr gemein

ליחסיו עם אשתו וילדיו אין עוד דבר במשותף עם יחסי המשפחה של הבורגנות

moderne industrielle Arbeit, moderne Unterwerfung unter das Kapital, dasselbe in England wie in Frankreich, in Amerika wie in Deutschland

עבודה תעשייתית מודרנית, כפיפות מודרנית להון, כמו באנגליה כמו
בצרפת, באמריקה כמו בגרמניה

Seine Stellung in der Gesellschaft hat ihm jede Spur von
nationalem Charakter genommen

מצבו בחברה שלל ממנו כל סממן של אופי לאומי

Gesetz, Moral, Religion sind für ihn so viele Bourgeoisie
Vorurteile

החוק, המוסר, הדת, הם בעיניו כל כך הרבה דעות קדומות בורגניות

und hinter diesen Vorurteilen lauern ebenso viele
Bourgeoisie Interessen

ומאחורי הדעות הקדומות האלה מסתתרים במארב בדיוק כמו
אינטרסים בורגניים רבים

Alle vorhergehenden Klassen, die die Oberhand gewannen,
versuchten, ihren bereits erworbenen Status zu festigen

כל המעמדות הקודמים שידם הייתה על העליונה, ביקשו לבצר את
מעמדם שכבר נרכש

Sie taten dies, indem sie die Gesellschaft als Ganzes ihren
Aneignungsbedingungen unterwarfen

הם עשו זאת על ידי הכפפת החברה בכללותה לתנאי הניכוס שלהם

Die Proletarier können nicht Herren der Produktivkräfte der
Gesellschaft werden

הפרולטרים אינם יכולים להפוך לאדונים של כוחות הייצור של החברה

Sie kann dies nur tun, indem sie ihre eigene bisherige
Aneignungsweise abschafft

היא יכולה לעשות זאת רק על ידי ביטול אופן הניכוס הקודם שלהם

Und damit hebt sie auch jede andere bisherige
Aneignungsweise auf

ובכך היא גם מבטלת כל דרך ניכוס קודמת אחרת

Sie haben nichts Eigenes zu sichern und zu festigen

אין להם שום דבר משלהם לאבטח ולבצר

Ihre Aufgabe ist es, alle bisherigen Sicherheiten und
Versicherungen für individuelles Eigentum zu vernichten

המשימה שלהם היא להרוס את כל ניירות הערך הקודמים עבור
וביטוחים של, רכוש אישי

Alle bisherigen historischen Bewegungen waren
Bewegungen von Minderheiten

כל התנועות ההיסטוריות הקודמות היו תנועות של מיעוטים

oder es handelte sich um Bewegungen im Interesse von
Minderheiten

או שהן היו תנועות למען האינטרסים של מיעוטים

Die proletarische Bewegung ist die selbstbewusste, selbständige Bewegung der ungeheuren Mehrheit

התנועה הפרולטרית היא התנועה המודעת לעצמה והעצמאית של הרוב העצום

Und es ist eine Bewegung im Interesse der großen Mehrheit

וזו תנועה למען האינטרסים של הרוב העצום

Das Proletariat, die unterste Schicht unserer heutigen Gesellschaft

הפרולטריון, השכבה הנמוכה ביותר בחברה הנוכחית שלנו

Sie kann sich nicht regen oder erheben, ohne daß die ganze übergeordnete Schicht der offiziellen Gesellschaft in die Luft geschleudert wird

היא אינה יכולה לבחוש או להרים את עצמה מבלי שכל השכבות העליונות של החברה הרשמית יזנקו באוויר

Der Kampf des Proletariats mit der Bourgeoisie ist, wenn auch nicht der Substanz nach, doch zunächst ein nationaler Kampf

אמנם לא במהות, אך בצורה, מאבקו של הפרולטריון עם הבורגנות הוא בתחילה מאבק לאומי

Das Proletariat eines jeden Landes muss natürlich vor allem mit seiner eigenen Bourgeoisie abrechnen

הפרולטריון של כל מדינה חייב, כמובן, קודם כל ליישב את העניינים עם הבורגנות שלו

Indem wir die allgemeinsten Phasen der Entwicklung des Proletariats schilderten, verfolgten wir den mehr oder weniger verhüllten Bürgerkrieg

בתיאור השלבים הכלליים ביותר של התפתחות הפרולטריון, עקבנו אחר מלחמת האזרחים הסמויה פחות או יותר

Diese Zivilgesellschaft wütet in der bestehenden Gesellschaft

האזרח הזה משתולל בתוך החברה הקיימת

Er wird bis zu dem Punkt wüten, an dem dieser Krieg in eine offene Revolution ausbricht

היא תשתולל עד לנקודה שבה המלחמה תפרוץ למהפכה גלויה

und dann legt der gewaltsame Sturz der Bourgeoisie die Grundlage für die Herrschaft des Proletariats

ואז ההפיכה האלימה של הבורגנות מניחה את היסודות להשפעה של הפרולטריון

Bisher beruhte jede Gesellschaftsform, wie wir bereits
gesehen haben, auf dem Antagonismus unterdrückender
und unterdrückter Klassen

עד כה ,כל צורה של חברה התבססה ,כפי שכבר ראינו ,על אנטגוניזם
של מעמדות מדכאים ומדוכאים

Um aber eine Klasse zu unterdrücken, müssen ihr gewisse
Bedingungen zugesichert werden

אבל כדי לדכא מעמד ,יש להבטיח לו תנאים מסוימים

Die Klasse muss unter Bedingungen gehalten werden, unter
denen sie wenigstens ihre sklavische Existenz fortsetzen
kann

המעמד חייב להישמר בתנאים שבהם הוא יכול ,לכל הפחות ,להמשיך
את קיומו העבדותי

Der Leibeigene erhob sich in der Zeit der Leibeigenschaft
zum Mitglied der Kommune

הצמית ,בתקופת הצמיתות ,העלה את עצמו לחברות בקומונה

so wie es dem Kleinbourgeoisie unter dem Joch des
feudalen Absolutismus gelang, sich zur Bourgeoisie zu
entwickeln

בדיוק כפי שהבורגנות הזעירה ,תחת עול האבסולוטיזם הפיאודלי
הצליחה להתפתח לבורגנות,

Der moderne Arbeiter dagegen sinkt, anstatt sich mit dem
Fortschritt der Industrie zu erheben, immer tiefer

הפועל המודרני ,לעומת זאת ,במקום להתרומם עם התקדמות
התעשייה ,שוקע עמוק יותר ויותר

Er sinkt unter die Existenzbedingungen seiner eigenen
Klasse

הוא שוקע מתחת לתנאי הקיום של המעמד שלו

Er wird ein Bettler, und der Pauperismus entwickelt sich
schneller als Bevölkerung und Reichtum

הוא הופך לאביון ,והקבצנות מתפתחת מהר יותר מהאוכלוסייה
והעושר

Und hier zeigt sich, dass die Bourgeoisie nicht mehr
geeignet ist, die herrschende Klasse in der Gesellschaft zu
sein

וכאן מתברר ,שהבורגנות אינה ראויה עוד להיות המעמד השליט
בחברה

und sie ist ungeeignet, der Gesellschaft ihre
Existenzbedingungen als übergeordnetes Gesetz
aufzuzwingen

והיא אינה ראויה לכפות את תנאי קיומה על החברה כחוק גובר

Sie ist unfähig zu herrschen, weil sie unfähig ist, ihrem
Sklaven in seiner Sklaverei eine Existenz zu sichern

היא אינה כשירה למשול משום שאינה כשירה להבטיח קיום לעבד
שלה בתוך עבדותו

denn sie kann nicht anders, als ihn in einen solchen Zustand
sinken zu lassen, daß sie ihn ernähren muss, statt von ihm
gefüttert zu werden

כי היא לא יכולה שלא לתת לו לשקוע במצב כזה, שהיא צריכה
להאכיל אותו, במקום להיות מוזנת על ידו

Die Gesellschaft kann nicht länger unter dieser Bourgeoisie
leben

החברה אינה יכולה עוד לחיות תחת בורגנות זו

Mit anderen Worten, ihre Existenz ist nicht mehr mit der
Gesellschaft vereinbar

במילים אחרות, קיומו אינו תואם עוד את החברה

Die wesentliche Bedingung für die Existenz und die
Herrschaft der Bourgeoisie Klasse ist die Bildung und
Vermehrung des Kapitals

התנאי ההכרחי לקיומו, ולהשפעתו של המעמד הבורגני ,הוא
היווצרותו והגדלתו של ההון

Die Bedingung für das Kapital ist Lohnarbeit

התנאי להון הוא עבודה בשכר

Die Lohnarbeit beruht ausschließlich auf der Konkurrenz
zwischen den Arbeitern

עבודה בשכר נשענת אך ורק על תחרות בין העובדים

Der Fortschritt der Industrie, deren unfreiwilliger Förderer
die Bourgeoisie ist, tritt an die Stelle der Isolierung der
Arbeiter

התקדמות התעשייה, שהמקדם הבלתי רצוני שלה הוא הבורגנות
מחליף את בידודם של הפועלים

durch die Konkurrenz, durch ihre revolutionäre
Kombination, durch die Assoziation

בגלל תחרות, בגלל השילוב המהפכני שלהם, בגלל התאגדות

Die Entwicklung der modernen Industrie schneidet ihr die
Grundlage unter den Füßen weg, auf der die Bourgeoisie
Produkte produziert und sich aneignet

התפתחותה של התעשייה המודרנית שומטת מתחת לרגליה את
הבסיס שעליו מייצרת הבורגנות ומנכסת מוצרים

Was die Bourgeoisie vor allem produziert, sind ihre eigenen
Totengräber

מה שהבורגנות מייצרת ,בראש ובראשונה ,הוא חופרי הקברים שלה

Der Sturz der Bourgeoisie und der Sieg des Proletariats sind
gleichermaßen unvermeidlich

נפילת הבורגנות וניצחון הפרולטריון הם בלתי נמנעים באותה מידה

Proletarier und Kommunisten
פרולטרים וקומוניסטים

In welchem Verhältnis stehen die Kommunisten zu den Proletariern insgesamt?

באיזה יחס עומדים הקומוניסטים לפרולטרים בכללותם?

Die Kommunisten bilden keine eigene Partei, die anderen Arbeiterparteien entgegengesetzt ist

הקומוניסטים אינם יוצרים מפלגה נפרדת המתנגדת למפלגות אחרות של מעמד הפועלים

Sie haben keine Interessen, die von denen des Proletariats als Ganzes getrennt und getrennt sind

אין להם אינטרסים נפרדים ונפרדים מאלה של הפרולטריון בכללותו

Sie stellen keine eigenen sektiererischen Prinzipien auf, nach denen sie die proletarische Bewegung formen und formen könnten

הם אינם מציבים עקרונות כיתתיים משלהם, שבאמצעותם יוכלו לעצב ולעצב את התנועה הפרולטרית

Die Kommunisten unterscheiden sich von den anderen Arbeiterparteien nur durch zwei Dinge

הקומוניסטים נבדלים ממפלגות מעמד הפועלים האחרות רק בשני דברים

Erstens: Sie weisen auf die gemeinsamen Interessen des gesamten Proletariats hin und bringen sie in den Vordergrund, unabhängig von jeder Nationalität

ראשית, הם מצביעים ומביאים לחזית את האינטרסים המשותפים של הפרולטריון כולו, ללא תלות בכל לאום

Das tun sie in den nationalen Kämpfen der Proletarier der verschiedenen Länder

הם עושים זאת במאבקים הלאומיים של הפרולטרים בארצות השונות

Zweitens vertreten sie immer und überall die Interessen der gesamten Bewegung

שנית, הם תמיד ובכל מקום מייצגים את האינטרסים של התנועה כולה

das tun sie in den verschiedenen Entwicklungsstadien, die der Kampf der Arbeiterklasse gegen die Bourgeoisie zu durchlaufen hat

הם עושים זאת בשלבי ההתפתחות השונים, שמאבקו של מעמד הפועלים נגד הבורגנות צריך לעבור

Die Kommunisten sind also auf der einen Seite praktisch
der fortschrittlichste und entschiedenste Teil der
Arbeiterparteien eines jeden Landes

הקומוניסטים ,אם כן ,הם מצד אחד ,למעשה ,החלק המתקדם והנחוש
ביותר של מפלגות מעמד הפועלים בכל מדינה

Sie sind der Teil der Arbeiterklasse, der alle anderen
vorantreibt

הם אותו חלק של מעמד הפועלים שדוחף קדימה את כל האחרים

Theoretisch haben sie auch den Vorteil, dass sie die
Marschlinie klar verstehen

תיאורטית ,יש להם גם את היתרון של הבנה ברורה של קו הצעדה

Das verstehen sie besser im Vergleich zu der großen Masse
des Proletariats

את זה הם מבינים טוב יותר בהשוואה למסה הגדולה של הפרולטריון

Sie verstehen die Bedingungen und die letzten allgemeinen
Ergebnisse der proletarischen Bewegung

הם מבינים את התנאים ,ואת התוצאות הכלליות הסופיות של
התנועה הפרולטרית

Das unmittelbare Ziel des Kommunisten ist dasselbe wie
das aller anderen proletarischen Parteien

המטרה המיידית של הקומוניסט זהה לזו של כל המפלגות
הפרולטריות האחרות

Ihr Ziel ist die Formierung des Proletariats zu einer Klasse

מטרתם היא גיבוש הפרולטריון למעמד

sie zielen darauf ab, die Vorherrschaft der Bourgeoisie zu
stürzen

הם שואפים להפיל את העליונות הבורגנית

das Streben nach politischer Machteroberung durch das
Proletariat

החתירה לכיבוש הכוח הפוליטי על ידי הפרולטריון

Die theoretischen Schlußfolgerungen der Kommunisten
beruhen in keiner Weise auf Ideen oder Prinzipien der
Reformer

המסקנות התיאורטיות של הקומוניסטים אינן מבוססות בשום אופן
על רעיונות או עקרונות של רפורמטורים

es waren keine Möchtegern-Universalreformer, die die
theoretischen Schlussfolgerungen der Kommunisten
erfunden oder entdeckt haben

לא היו אלה רפורמטורים אוניברסליים שהמציאו או גילו את
המסקנות התיאורטיות של הקומוניסטים

Sie drücken lediglich in allgemeinen Begriffen tatsächliche
Verhältnisse aus, die aus einem bestehenden Klassenkampf
hervorgehen

הם בסך הכל מבטאים ,במונחים כלליים ,יחסים ממשיים הנובעים
ממאבק מעמדי קיים

Und sie beschreiben die historische Bewegung, die sich
unter unseren Augen abspielt und die diesen Klassenkampf
hervorgebracht hat

והם מתארים את התנועה ההיסטורית המתחוללת תחת עינינו שיצרה
את המאבק המעמדי הזה

Die Abschaffung bestehender Eigentumsverhältnisse ist
keineswegs ein charakteristisches Merkmal des
Kommunismus

ביטול יחסי הקניין הקיימים אינו מאפיין ייחודי של הקומוניזם

Alle Eigentumsverhältnisse in der Vergangenheit waren
einem ständigen historischen Wandel unterworfen

כל יחסי הקניין בעבר היו נתונים ללא הרף לשינוי היסטורי

Und diese Veränderungen waren eine Folge der
Veränderung der historischen Bedingungen

ושינויים אלה נבעו משינוי התנאים ההיסטוריים

Die Französische Revolution zum Beispiel schaffte das
Feudaleigentum zugunsten des Bourgeoisie Eigentums ab

המהפכה הצרפתית, למשל ,ביטלה את הקניין הפיאודלי לטובת רכוש
בורגני

Das Unterscheidungsmerkmal des Kommunismus ist nicht
die Abschaffung des Eigentums im Allgemeinen

המאפיין הייחודי של הקומוניזם אינו ביטול הרכוש ,בדרך כלל

aber das Unterscheidungsmerkmal des Kommunismus ist
die Abschaffung des Bourgeoisie Eigentums

אבל המאפיין הבולט של הקומוניזם הוא ביטול הרכוש הבורגני

Aber das Privateigentum der modernen Bourgeoisie ist der
letzte und vollständigste Ausdruck des Systems der
Produktion und Aneignung von Produkten

אבל הקניין הפרטי הבורגני המודרני הוא הביטוי הסופי והשלם ביותר
של מערכת הייצור וההפקעה של מוצרים

Es ist der Endzustand eines Systems, das auf
Klassengegensätzen beruht, wobei der
Klassenantagonismus die Ausbeutung der Vielen durch die
Wenigen ist

זהו המצב הסופי של מערכת המבוססת על אנטגוניזם מעמדי ,כאשר אנטגוניזם מעמדי הוא ניצול הרבים על ידי מעטים

In diesem Sinne läßt sich die Theorie der Kommunisten in einem einzigen Satz zusammenfassen; die Abschaffung des Privateigentums

במובן זה ,ניתן לסכם את התיאוריה של הקומוניסטים במשפט אחד; ביטול הרכוש הפרטי

Uns Kommunisten hat man vorgeworfen, das Recht auf persönlichen Eigentumserwerb abschaffen zu wollen

אנו הקומוניסטים ננזפנו ברצון לבטל את הזכות לרכוש רכוש באופן אישי

Es wird behauptet, dass diese Eigenschaft die Frucht der eigenen Arbeit eines Menschen ist

נטען כי נכס זה הוא פרי עמלו של האדם

Und diese Eigenschaft soll die Grundlage aller persönlichen Freiheit, Aktivität und Unabhängigkeit sein.

ורכוש זה הוא לכאורה הבסיס לכל חירות אישית ,פעילות ועצמאות-

"Hart erkämpftes, selbst erworbenes, selbst verdientes Eigentum!"

"רכוש שהושג בעמל רב ,שנרכש בעצמו ,הרוויח בעצמו!"

Meinst du das Eigentum des kleinen Handwerkers und des Kleinbauern?

האם אתה מתכוון לרכושו של בעל המלאכה הקטן ושל האיכר הקטן?

Meinen Sie eine Form des Eigentums, die der Bourgeoisie Form vorausging?

האם אתה מתכוון לצורת קניין שקדמה לצורה הבורגנית?

Es ist nicht nötig, sie abzuschaffen, die Entwicklung der Industrie hat sie zum großen Teil bereits zerstört

אין צורך לבטל את זה ,התפתחות התעשייה במידה רבה כבר הרסה אותה

Und die Entwicklung der Industrie zerstört sie immer noch täglich

ופיתוח התעשייה עדיין הורס אותה מדי יום

Oder meinen Sie das moderne Bourgeoisie Privateigentum?

או שאתה מתכוון לרכוש פרטי בורגני מודרני?

Aber schafft die Lohnarbeit irgendein Eigentum für den Arbeiter?

אך האם עבודה שכירה יוצרת רכוש כלשהו עבור הפועל?

Nein, die Lohnarbeit schafft nicht ein bisschen von dieser
Art von Eigentum!

!לא ,עבודה שכירה לא יוצרת ולו טיפת רכוש מסוג זה

Was Lohnarbeit schafft, ist Kapital; jene Art von Eigentum,
das Lohnarbeit ausbeutet

מה שהעבודה בשכר כן יוצרת הוא הון ;סוג כזה של רכוש שמנצל
עבודה שכירה

Das Kapital kann sich nur unter der Bedingung vermehren,
daß es ein neues Angebot an Lohnarbeit für neue
Ausbeutung erzeugt

ההון אינו יכול לגדול אלא בתנאי שיוליד היצע חדש של עבודה-שכירה
לניצול חדש

Das Eigentum in seiner jetzigen Form beruht auf dem
Antagonismus von Kapital und Lohnarbeit

רכוש ,בצורתו הנוכחית ,מבוסס על אנטגוניזם של הון ועבודה בשכר

Betrachten wir beide Seiten dieses Antagonismus

הבה נבחן את שני צדדיו של אנטגוניזם זה

Kapitalist zu sein bedeutet nicht nur, einen rein
persönlichen Status zu haben

להיות קפיטליסט פירושו להיות בעל מעמד אישי גרידא

Stattdessen bedeutet Kapitalist zu sein auch, einen sozialen
Status in der Produktion zu haben

במקום זאת ,להיות קפיטליסט פירושו גם להיות בעל מעמד חברתי
בייצור

weil Kapital ein kollektives Produkt ist; Nur durch das
gemeinsame Handeln vieler Mitglieder kann sie in Gang
gesetzt werden

כי ההון הוא מוצר קולקטיבי ;רק על ידי פעולה מאוחדת של חברים
רבים ניתן להניע אותה

Aber dieses gemeinsame Handeln ist der letzte Ausweg und
erfordert eigentlich alle Mitglieder der Gesellschaft

אבל פעולה מאוחדת זו היא מוצא אחרון ,ולמעשה דורשת את כל
חברי החברה

Das Kapital verwandelt sich in das Eigentum aller
Mitglieder der Gesellschaft

ההון אכן הופך לרכושם של כל חברי החברה

aber das Kapital ist also keine persönliche Macht; Es ist eine
gesellschaftliche Macht

אבל ההון הוא ,אם כן ,לא כוח אישי ;זה כוח חברתי

Wenn also Kapital in gesellschaftliches Eigentum umgewandelt wird, so verwandelt sich dadurch nicht persönliches Eigentum in gesellschaftliches Eigentum

לכן ,כאשר ההון מומר לרכוש חברתי ,רכוש אישי אינו הופך בכך לרכוש חברתי

Nur der gesellschaftliche Charakter des Eigentums wird verändert und verliert seinen Klassencharakter

רק אופיו החברתי של הנכס משתנה ,ומאבד את אופיו המעמדי

Betrachten wir nun die Lohnarbeit

הבה נתבונן כעת בעבודה בשכר

Der Durchschnittspreis der Lohnarbeit ist der Mindestlohn, d.h. das Quantum der Lebensmittel

המחיר הממוצע של עבודה שכירה הוא שכר המינימום ,כלומר הקוונטים של אמצעי הקיום

Dieser Lohn ist für die bloße Existenz als Arbeiter absolut notwendig

שכר זה הכרחי לחלוטין בקיום חשוף כפועל

Was sich also der Lohnarbeiter durch seine Arbeit aneignet, genügt nur, um ein bloßes Dasein zu verlängern und zu reproduzieren

מה ,אם כן ,העובד השכיר מנכס לעצמו באמצעות עמלו ,רק מספיק כדי להאריך ולשכפל קיום חשוף

Wir beabsichtigen keineswegs, diese persönliche Aneignung der Arbeitsprodukte abzuschaffen

בשום פנים ואופן אין בכוונתנו לבטל את הניכוס האישי הזה של תוצרי העבודה

eine Aneignung, die für die Erhaltung und Reproduktion des menschlichen Lebens bestimmt ist

ניכוס שנעשה לתחזוקה ורבייה של חיי אדם

Eine solche persönliche Aneignung der Arbeitsprodukte lässt keinen Überschuss übrig, mit dem man die Arbeit anderer befehlen könnte

ניכוס אישי כזה של תוצרי העבודה אינו מותיר עודפים שבהם ניתן לפקד על עבודתם של אחרים

Alles, was wir beseitigen wollen, ist der erbärmliche Charakter dieser Aneignung

כל מה שאנחנו רוצים להיפטר ממנו ,הוא האופי העלוב של הניכוס הזה

die Aneignung, unter der der Arbeiter lebt, bloß um das Kapital zu vermehren

הניכוס שתחתיו חי הפועל רק כדי להגדיל את ההון

Er darf nur leben, soweit es das Interesse der herrschenden Klasse erfordert

מותר לו לחיות רק במידה שהאינטרס של המעמד השליט מחייב זאת

In der Bourgeoisie Gesellschaft ist die lebendige Arbeit nur ein Mittel, um die akkumulierte Arbeit zu vermehren

בחברה הבורגנית, עבודה חיה אינה אלא אמצעי להגדלת העבודה המצטברת

In der kommunistischen Gesellschaft ist die akkumulierte Arbeit nur ein Mittel, um die Existenz des Arbeiters zu erweitern, zu bereichern und zu fördern

בחברה הקומוניסטית, העבודה המצטברת אינה אלא אמצעי להרחיב להעשיר, לקדם את קיומו של הפועל

In der Bourgeoisie Gesellschaft dominiert daher die Vergangenheit die Gegenwart

בחברה הבורגנית, אם כן, העבר שולט בהווה

In der kommunistischen Gesellschaft dominiert die Gegenwart die Vergangenheit

בחברה הקומוניסטית ההווה שולט בעבר

In der Bourgeoisie Gesellschaft ist das Kapital unabhängig und hat Individualität

בחברה הבורגנית ההון הוא עצמאי ובעל אינדיבידואליות

In der Bourgeoisie Gesellschaft ist der lebende Mensch abhängig und hat keine Individualität

בחברה הבורגנית האדם החי הוא תלוי ואין לו אינדיבידואליות

Und die Abschaffung dieses Zustandes wird von der Bourgeoisie als Abschaffung der Individualität und Freiheit bezeichnet!

וביטול מצב דברים זה נקרא על ידי הבורגנות, ביטול האינדיבידואליות והחופש!

Und man nennt sie mit Recht die Abschaffung von Individualität und Freiheit!

וזה נקרא בצדק ביטול האינדיבידואליות והחופש!

Der Kommunismus strebt die Abschaffung der Bourgeoisie Individualität an

הקומוניזם שואף לביטול האינדיבידואליות הבורגנית

Der Kommunismus strebt die Abschaffung der Unabhängigkeit der Bourgeoisie an

הקומוניזם מתכוון לביטול העצמאות הבורגנית

Die BourgeoisieFreiheit ist zweifellos das, was der Kommunismus anstrebt

חירות בורגנית היא ללא ספק מה שהקומוניזם מכוון אליו

unter den gegenwärtigen Bourgeoisie Produktionsbedingungen bedeutet Freiheit freien Handel, freien Verkauf und freien Kauf

בתנאי הייצור הבורגניים הנוכחיים ,חופש פירושו סחר חופשי ,מכירה וקנייה חופשיות

Aber wenn das Verkaufen und Kaufen verschwindet, verschwindet auch das freie Verkaufen und Kaufen

אבל אם המכירה והקנייה נעלמות ,גם המכירה והקנייה החופשית נעלמות

"Mutige Worte" der Bourgeoisie über den freien Verkauf und Kauf haben nur eine begrenzte Bedeutung

ל"מילים אמיצות "של הבורגנות על מכירה וקנייה חופשית יש משמעות רק במובן מוגבל

Diese Worte haben nur im Gegensatz zu eingeschränktem Verkauf und Kauf eine Bedeutung

למילים אלה יש משמעות רק בניגוד למכירה וקנייה מוגבלות

und diese Worte haben nur dann eine Bedeutung, wenn sie auf die gefesselten Händler des Mittelalters angewandt werden

ולמילים אלה יש משמעות רק כאשר הן מיושמות על הסוחרים הכבולים של ימי הביניים

und das setzt voraus, dass diese Worte überhaupt eine Bedeutung im Bourgeoisie Sinne haben

וזה בהנחה שלמילים האלה יש בכלל משמעות במובן בורגני

aber diese Worte haben keine Bedeutung, wenn sie gebraucht werden, um sich gegen die kommunistische Abschaffung des Kaufens und Verkaufens zu wehren

אבל למילים האלה אין משמעות כאשר משתמשים בהן כדי להתנגד לביטול הקומוניסטי של קנייה ומכירה

die Worte haben keine Bedeutung, wenn sie gebraucht werden, um sich gegen die Abschaffung der Bourgeoisie Produktionsbedingungen zu wehren

למילים אין משמעות כאשר משתמשים בהן כדי להתנגד לביטול תנאי הייצור הבורגניים

und sie haben keine Bedeutung, wenn sie benutzt werden, um sich gegen die Abschaffung der Bourgeoisie selbst zu wehren

ואין להם משמעות כאשר משתמשים בהם כדי להתנגד לביטול הבורגנות עצמה

Sie sind entsetzt über unsere Absicht, das Privateigentum abzuschaffen

אתם מזועזעים מכך שאנו מתכוונים לחסל רכוש פרטי

Aber in eurer jetzigen Gesellschaft ist das Privateigentum für neun Zehntel der Bevölkerung bereits abgeschafft

אבל בחברה הקיימת שלכם, הרכוש הפרטי כבר חוסל עבור תשע עשיריות מהאוכלוסייה

Die Existenz des Privateigentums für einige wenige beruht einzig und allein darauf, dass es in den Händen von neun Zehnteln der Bevölkerung nicht existiert

קיומו של רכוש פרטי למעטים נובע אך ורק מאי קיומו בידי תשע עשיריות האוכלוסייה

Sie werfen uns also vor, daß wir eine Form des Eigentums abschaffen wollen

אתה גוער בנו, אם כן, בכוונה לחסל סוג של רכוש

Aber das Privateigentum erfordert für die ungeheure Mehrheit der Gesellschaft die Nichtexistenz jeglichen Eigentums

אבל רכוש פרטי מחייב אי-קיומו של רכוש כלשהו עבור הרוב העצום של החברה

Mit einem Wort, Sie werfen uns vor, daß wir Ihr Eigentum beseitigen wollen

במילה אחת, אתה נוזף בנו על כוונה לחסל את רכושך

Und genau so ist es; Ihr Eigentum abzuschaffen, ist genau das, was wir beabsichtigen

וזה בדיוק כך; חיסול הנכס שלך הוא בדיוק מה שאנחנו מתכוונים

Von dem Augenblick an, wo die Arbeit nicht mehr in Kapital, Geld oder Rente verwandelt werden kann

מהרגע שבו כבר לא ניתן להמיר את העבודה להון, כסף או שכר דירה

wenn die Arbeit nicht mehr in eine gesellschaftliche Macht umgewandelt werden kann, die monopolisiert werden kann

כאשר לא ניתן עוד להפוך את העבודה לכוח חברתי המסוגל להיות מונופול

von dem Augenblick an, wo das individuelle Eigentum
nicht mehr in Bourgeoisie Eigentum verwandelt werden
kann

מהרגע שבו כבר לא ניתן להפוך רכוש פרטי לרכוש בורגני

von dem Augenblick an, wo das individuelle Eigentum
nicht mehr in Kapital verwandelt werden kann

מהרגע שבו כבר לא ניתן להפוך רכוש פרטי להון

Von diesem Moment an sagst du, dass die Individualität
verschwindet

מאותו רגע ,אתה אומר שהאינדיבידואליות נעלמת

Sie müssen also gestehen, daß Sie mit »Individuum« keine
andere Person meinen als die Bourgeoisie

אתה חייב ,אם כן ,להודות שב"אינדיבידואל "אתה מתכוון ללא אדם
אחר מאשר הבורגנות

Sie müssen zugeben, dass es sich speziell auf den
Bourgeoisie Eigentümer von Immobilien bezieht

אתה חייב להודות שזה מתייחס באופן ספציפי לבעלים של רכוש
מהמעמד הבינוני

Diese Person muss in der Tat aus dem Weg geräumt und
unmöglich gemacht werden

אכן ,יש לסטות אדם זה מהדרך ,ולהפוך אותו לבלתי אפשרי

Der Kommunismus beraubt niemanden der Macht, sich die
Produkte der Gesellschaft anzueignen

הקומוניזם לא שולל מאף אדם את הכוח לנכס לעצמו את תוצרי
החברה

Alles, was der Kommunismus tut, ist, ihm die Macht zu
nehmen, die Arbeit anderer durch eine solche Aneignung zu
unterjochen

כל מה שהקומוניזם עושה הוא לשלול ממנו את הכוח לשעבד את
עבודתם של אחרים באמצעות ניכוס כזה

Man hat eingewendet, daß mit der Abschaffung des
Privateigentums alle Arbeit aufhören werde

הועלתה התנגדות כי עם ביטול הרכוש הפרטי תיפסק כל העבודה

Und dann wird suggeriert, dass uns die universelle Faulheit
überwältigen wird

ואז מוצע כי העצלות האוניברסלית תשתלט עלינו

Demnach hätte die BourgeoisieGesellschaft schon längst vor
lauter Müßiggang vor die Hunde gehen müssen

לפי זה ,החברה הבורגנית הייתה צריכה מזמן ללכת לכלבים דרך בטלה
מוחלטת

denn diejenigen ihrer Mitglieder, die arbeiten, erwerben nichts

כי אלה מחבריה שעובדים ,אינם רוכשים דבר

und diejenigen von ihren Mitgliedern, die etwas erwerben, arbeiten nicht

ואלה מחבריה שרוכשים משהו ,לא עובדים

Der ganze Einwand ist nur ein weiterer Ausdruck der Tautologie

כל ההתנגדות הזאת היא רק ביטוי נוסף של הטאוטולוגיה

Es kann keine Lohnarbeit mehr geben, wenn es kein Kapital mehr gibt

לא יכולה להיות יותר עבודה שכירה כאשר אין יותר הון

Es gibt keinen Unterschied zwischen materiellen und mentalen Produkten

אין הבדל בין מוצרים חומריים למוצרים מנטליים

Der Kommunismus schlägt vor, dass beides auf die gleiche Weise produziert wird

הקומוניזם מציע ששני אלה מיוצרים באותו אופן

aber die Einwände gegen die kommunistischen Produktionsweisen sind dieselben

אבל ההתנגדויות נגד הדרכים הקומוניסטיות לייצר אותן הן זהות

Für die Bourgeoisie ist das Verschwinden des Klasseneigentums das Verschwinden der Produktion selbst

עבור הבורגנות ,היעלמות הרכוש המעמדי היא היעלמות הייצור עצמו

So ist für ihn das Verschwinden der Klassenkultur identisch mit dem Verschwinden aller Kultur

אם כן ,היעלמותה של התרבות המעמדית זהה בעיניו להיעלמותה של התרבות כולה

Diese Kultur, deren Verlust er beklagt, ist für die überwiegende Mehrheit ein bloßes Training, um als Maschine zu agieren

תרבות זו ,שאובדנה הוא מקונן עליה ,היא עבור הרוב המכריע רק אימון לפעול כמכונה

Die Kommunisten haben die Absicht, die Kultur des Bourgeoisie Eigentums abzuschaffen

הקומוניסטים מתכוונים מאוד לבטל את תרבות הרכוש הבורגני

Aber zankt euch nicht mit uns, solange ihr den Maßstab eurer Bourgeoisie Vorstellungen von Freiheit, Kultur, Recht usw. anlegt

אבל אל תתקוטטו איתנו כל עוד אתם מיישמים את הסטנדרטים של
'המושגים הבורגניים שלכם של חופש ,תרבות ,חוק וכו

**Eure Ideen selbst sind nur die Auswüchse der Bedingungen
eurer Bourgeoisie Produktion und eures Bourgeoisie
Eigentums**

עצם הרעיונות שלך אינם אלא תולדה של תנאי הייצור הבורגני
והרכוש הבורגני שלך

**so wie eure Jurisprudenz nichts anderes ist als der Wille
eurer Klasse, der zum Gesetz für alle gemacht wurde**

בדיוק כפי שתורת המשפט שלך אינה אלא רצון הכיתה שלך שהפך
לחוק לכולם

**Der wesentliche Charakter und die Richtung dieses Willens
werden durch die ökonomischen Bedingungen bestimmt,
die Ihre soziale Klasse schafft**

האופי והכיוון המהותיים של רצון זה נקבעים על ידי התנאים
הכלכליים שהמעמד החברתי שלכם יוצר

**Der selbstsüchtige Irrtum, der dich veranlaßt, soziale
Formen in ewige Gesetze der Natur und der Vernunft zu
verwandeln**

התפיסה האנוכית המוטעית שגורמת לכם להפוך צורות חברתיות
לחוקי טבע והיגיון נצחיים

**die gesellschaftlichen Formen, die aus eurer gegenwärtigen
Produktionsweise und Eigentumsform entspringen**

הצורות החברתיות הנובעות מאופן הייצור הנוכחי שלכם ומצורת
הרכוש שלכם

**historische Beziehungen, die im Fortschritt der Produktion
auf- und verschwinden**

יחסים היסטוריים שעולים ונעלמים בהתקדמות הייצור

**Dieses Missverständnis teilt ihr mit jeder herrschenden
Klasse, die euch vorausgegangen ist**

את התפיסה המוטעית הזו אתם חולקים עם כל מעמד שליט שקדם
לכם

**Was Sie bei antikem Eigentum klar sehen, was Sie bei
feudalem Eigentum zugeben**

מה שאתה רואה בבירור במקרה של רכוש עתיק ,מה שאתה מודה
במקרה של רכוש פיאודלי

**diese Dinge dürfen Sie natürlich nicht zugeben, wenn es
sich um Ihre eigene BourgeoisieEigentumsform handelt**

את הדברים האלה אסור לך כמובן להודות במקרה של צורת הקניין
הבורגנית שלך

Abschaffung der Familie! Selbst die Radikalsten entrüsten
sich über diesen infamen Vorschlag der Kommunisten

ביטול המשפחה !אפילו ההתלקחות הקיצונית ביותר למשמע הצעה
ידועה לשמצה זו של הקומוניסטים

Auf welcher Grundlage beruht die heutige Familie, die
BourgeoisieFamilie?

?על איזה בסיס מבוססת המשפחה הנוכחית, המשפחה הבורגנית

Die Gründung der heutigen Familie beruht auf Kapital und
privatem Gewinn

הקמת המשפחה הנוכחית מבוססת על הון ורווח פרטי

In ihrer voll entwickelten Form existiert diese Familie nur
unter der Bourgeoisie

בצורתה המפותחת לחלוטין משפחה זו קיימת רק בקרב הבורגנות

Dieser Zustand der Dinge findet seine Ergänzung in der
praktischen Abwesenheit der Familie bei den Proletariern

מצב דברים זה מוצא את השלמתו בהיעדרה המעשי של המשפחה
בקרב הפרולטרים

Dieser Zustand ist in der öffentlichen Prostitution zu finden

מצב דברים זה ניתן למצוא בזנות ציבורית

Die BourgeoisieFamilie wird wie selbstverständlich
verschwinden, wenn ihr Komplement verschwindet

המשפחה הבורגנית תיעלם כדבר מובן מאליו כאשר המשלים שלה
ייעלמו

Und beides wird mit dem Verschwinden des Kapitals
verschwinden

ושני אלה ייעלמו עם היעלמות ההון

Werfen Sie uns vor, dass wir die Ausbeutung von Kindern
durch ihre Eltern stoppen wollen?

האם אתם מאשימים אותנו ברצון להפסיק את ניצול הילדים על ידי
?הוריהם

Diesem Verbrechen bekennen wir uns schuldig

על פשע זה אנו מודים באשמה

Aber, werden Sie sagen, wir zerstören die heiligsten
Beziehungen, wenn wir die häusliche Erziehung durch die
soziale Erziehung ersetzen

,אבל ,אתם תאמרו ,אנחנו הורסים את היחסים המקודשים ביותר
כשאנחנו מחליפים את החינוך הביתי בחינוך חברתי

Ist Ihre Erziehung nicht auch sozial? Und wird sie nicht von
den gesellschaftlichen Bedingungen bestimmt, unter denen
man erzieht?

החינוך שלך לא גם חברתי ?והאם זה לא נקבע על ידי התנאים החברתיים שבהם אתה מחנך?

durch direkte oder indirekte Eingriffe in die Gesellschaft, durch Schulen usw.

על ידי התערבות ,ישירה או עקיפה ,של החברה ,באמצעות בתי ספר וכו'.

Die Kommunisten haben die Einmischung der Gesellschaft in die Erziehung nicht erfunden

הקומוניסטים לא המציאו את התערבות החברה בחינוך

Sie versuchen lediglich, den Charakter dieses Eingriffs zu ändern

הם עושים זאת ,אך מבקשים לשנות את אופייה של אותה התערבות

Und sie versuchen, das Bildungswesen vor dem Einfluss der herrschenden Klasse zu retten

והם מבקשים להציל את החינוך מהשפעת המעמד השליט

Die Bourgeoisie spricht von der geheiligten Beziehung von Eltern und Kind

הדיבור הבורגני על יחסי הגומלין המקודשים של הורה וילד

aber dieses Geschwätz über die Familie und die Erziehung wird um so widerwärtiger, wenn wir die moderne Industrie betrachten

אבל מלכודת מחיאות הכפיים הזו על המשפחה והחינוך הופכת מגעילה עוד יותר כשמסתכלים על התעשייה המודרנית

Alle Familienbande unter den Proletariern werden durch die moderne Industrie zerrissen

כל קשרי המשפחה בין הפרולטרים נקרעים תחת התעשייה המודרנית

ihre Kinder werden zu einfachen Handelsartikeln und Arbeitsinstrumenten

ילדיהם הופכים לכלי מסחר פשוטים ולכלי עבודה

Aber ihr Kommunisten würdet eine Gemeinschaft von Frauen schaffen, schreit die ganze Bourgeoisie im Chor

אבל אתם ,הקומוניסטים ,תיצרו קהילה של נשים ,זועקת כל הבורגנות במקהלה

Die Bourgeoisie sieht in seiner Frau ein bloßes Produktionsinstrument

הבורגני רואה באשתו רק כלי ייצור

Er hört, dass die Produktionsmittel von allen ausgebeutet werden sollen

הוא שומע שכלי הייצור צריכים להיות מנוצלים על ידי כולם

Und natürlich kann er zu keinem anderen Schluß kommen, als daß das Los, allen gemeinsam zu sein, auch den Frauen zufallen wird

וכמובן ,הוא לא יכול להגיע לשום מסקנה אחרת מאשר שמנת חלקם של המשותף לכולם תיפול גם היא על נשים

Er hat nicht einmal den geringsten Verdacht, dass es in Wirklichkeit darum geht, die Stellung der Frau als bloße Produktionsinstrumente abzuschaffen

אין לו אפילו חשד שהמטרה האמיתית היא לבטל את מעמדן של הנשים ככלי ייצור גרידא

Im übrigen ist nichts lächerlicher als die tugendhafte Empörung unserer Bourgeoisie über die Gemeinschaft der Frauen

עבור השאר ,אין דבר מגוחך יותר מאשר הזעם המוסרי של הבורגנות שלנו על קהילת הנשים

sie tun so, als ob sie von den Kommunisten offen und offiziell eingeführt werden sollte

הם מעמידים פנים שהיא הוקמה באופן גלוי ורשמי על ידי הקומוניסטים

Die Kommunisten haben es nicht nötig, die Gemeinschaft der Frauen einzuführen, sie existiert fast seit undenklichen Zeiten

לקומוניסטים אין צורך להכניס קהילת נשים ,היא קיימת כמעט מאז ומתמיד

Unsere Bourgeoisie begnügt sich nicht damit, die Frauen und Töchter ihrer Proletarier zur Verfügung zu haben

הבורגנים שלנו אינם מסתפקים בכך שנשותיהם ובנותיהם של הפרולטרים שלהם יעמדו לרשותם

Sie haben das größte Vergnügen daran, ihre Frauen gegenseitig zu verführen

הם נהנים ביותר לפתות זה את נשותיו של זה

Und das ist noch nicht einmal von gewöhnlichen Prostituierten zu sprechen

וזה אפילו לא לדבר על נפוצות

Die BourgeoisieEhe ist in Wirklichkeit ein System gemeinsamer Ehefrauen

נישואים בורגניים הם למעשה מערכת של נשים משותפות

dann gibt es eine Sache, die man den Kommunisten vielleicht vorwerfen könnte

אז יש דבר אחד שהקומוניסטים עלולים להינזף בו

Sie wollen eine offen legalisierte Gemeinschaft von Frauen
einführen

הם רוצים להציג קהילה חוקית של נשים

statt einer heuchlerisch verhüllten Gemeinschaft von Frauen

במקום קהילת נשים צבועה ומוסתרת

Die Gemeinschaft der Frauen, die aus dem
Produktionssystem hervorgegangen ist

קהילת הנשים הצומחת ממערכת הייצור

Schafft das Produktionssystem ab, und ihr schafft die
Gemeinschaft der Frauen ab

בטלו את שיטת הייצור, ואתם תבטלו את קהילת הנשים

Sowohl die öffentliche Prostitution als auch die private
Prostitution wird abgeschafft

גם הזנות הציבורית מתבטלת, וגם הזנות הפרטית

Den Kommunisten wird noch dazu vorgeworfen, sie wollten
Länder und Nationalitäten abschaffen

הקומוניסטים ננזפים עוד יותר ברצונם לבטל מדינות ולאום

Die Arbeiter haben kein Vaterland, also können wir ihnen
nicht nehmen, was sie nicht haben

לאנשים העובדים אין מדינה, ולכן איננו יכולים לקחת מהם את מה
שאין להם

Das Proletariat muss vor allem die politische Herrschaft
erlangen

על הפרולטריון לרכוש קודם כל עליונות פוליטית

Das Proletariat muss sich zur führenden Klasse der Nation
erheben

הפרולטריון חייב לעלות להיות המעמד המוביל של האומה

Das Proletariat muss sich zur Nation konstituieren

הפרולטריון חייב להוות את עצמו כאומה

sie ist bis jetzt selbst national, wenn auch nicht im
Bourgeoisie Sinne des Wortes

עד כה היא עצמה לאומית, אם כי לא במובן הבורגני של המילה

Nationale Unterschiede und Gegensätze zwischen den
Völkern verschwinden täglich mehr und mehr

הבדלים לאומיים ויריבויות בין עמים הולכים ונעלמים מדי יום

der Entwicklung der Bourgeoisie, der Freiheit des Handels,
des Weltmarktes

בגלל התפתחות הבורגנות, בגלל חופש המסחר, בגלל השוק העולמי

zur Gleichförmigkeit der Produktionsweise und der ihr entsprechenden Lebensbedingungen
לאחידות באופן הייצור ובתנאי החיים המקבילים לו

Die Herrschaft des Proletariats wird sie noch schneller verschwinden lassen
עליונותו של הפרולטריון תגרום להם להיעלם עוד יותר מהר

Die einheitliche Aktion, wenigstens der führenden zivilisierten Länder, ist eine der ersten Bedingungen für die Befreiung des Proletariats
פעולה מאוחדת ,של המדינות המתורבתות המובילות לפחות ,היא
אחד התנאים הראשונים לשחרור הפרולטריון

In dem Maße, wie der Ausbeutung eines Individuums durch ein anderes ein Ende gesetzt wird, wird auch der Ausbeutung einer Nation durch eine andere ein Ende gesetzt.
בפרופורציה ,ככל שהניצול של אדם אחד על ידי אחר ייפסק ,גם
הניצול של אומה אחת על ידי אחרת יופסק

In dem Maße, wie der Antagonismus zwischen den Klassen innerhalb der Nation verschwindet, wird die Feindschaft einer Nation gegen die andere ein Ende haben
בפרופורציה ככל שהאנטגוניזם בין המעמדות בתוך האומה ייעלם,
העוינות של אומה אחת לאחרת תגיע לקיצה

Die Anschuldigungen gegen den Kommunismus, die von einem religiösen, philosophischen und allgemein von einem ideologischen Standpunkt aus erhoben werden, verdienen keine ernsthafte Prüfung
ההאשמות נגד הקומוניזם שנאמרו מנקודת מבט דתית ,פילוסופית,
ובאופן כללי אידיאולוגית ,אינן ראויות לבחינה רצינית

Braucht es eine tiefe Intuition, um zu begreifen, dass sich die Ideen, Ansichten und Vorstellungen des Menschen mit jeder Veränderung der Bedingungen seiner materiellen Existenz ändern?
האם נדרשת אינטואיציה עמוקה כדי להבין שרעיונותיו ,השקפותיו
ותפיסותיו של האדם משתנים עם כל שינוי בתנאי קיומו החומרי?

Ist es nicht offensichtlich, dass das Bewusstsein des Menschen sich Verändert, wenn seine sozialen Beziehungen und sein soziales Leben ändern?
האין זה מובן מאליו שתודעתו של האדם משתנה כאשר יחסיו
החברתיים וחייו החברתיים משתנים?

Was beweist die Ideengeschichte anderes, als daß die
geistige Produktion ihren Charakter in dem Maße ändert,
wie die materielle Produktion verändert wird?

מה עוד מוכיחה ההיסטוריה של הרעיונות ,מאשר שהייצור
האינטלקטואלי משנה את אופיו בפרופורציה ככל שהייצור החומרי
משתנה?

Die herrschenden Ideen eines jeden Zeitalters waren immer
die Ideen seiner herrschenden Klasse

הרעיונות השליטים של כל עידן היו מאז ומתמיד הרעיונות של המעמד
השליט שלו

Wenn Menschen von Ideen sprechen, die die Gesellschaft
revolutionieren, drücken sie nur eine Tatsache aus

כשאנשים מדברים על רעיונות שמחוללים מהפכה בחברה ,הם
מבטאים רק עובדה אחת

Innerhalb der alten Gesellschaft wurden die Elemente einer
neuen geschaffen

בתוך החברה הישנה נוצרו האלמנטים של חברה חדשה

und daß die Auflösung der alten Ideen mit der Auflösung
der alten Daseinsverhältnisse Schritt hält

ושפירוק הרעיונות הישנים עומד בקצב אחיד עם התפוררות תנאי
הקיום הישנים

Als die Antike in den letzten Zügen lag, wurden die alten
Religionen vom Christentum überwunden

כאשר העולם העתיק היה בימיו האחרונים ,הדתות העתיקות הוכרעו
על ידי הנצרות

Als die christlichen Ideen im 18. Jahrhundert den
rationalistischen Ideen erlagen, kämpfte die feudale
Gesellschaft ihren Todeskampf mit der damals
revolutionären Bourgeoisie

,כאשר רעיונות נוצריים נכנעו במאה ה-18 לרעיונות רציונליסטיים
החברה הפיאודלית נלחמה את קרב המוות שלה עם הבורגנות
המהפכנית דאז

Die Ideen der Religions- und Gewissensfreiheit brachten
lediglich die Herrschaft des freien Wettbewerbs auf dem
Gebiet des Wissens zum Ausdruck

הרעיונות של חופש הדת וחופש המצפון רק נתנו ביטוי להשפעה של
תחרות חופשית בתחום הידע

"Zweifellos", wird man sagen, "sind religiöse, moralische,
philosophische und juristische Ideen im Laufe der
geschichtlichen Entwicklung modifiziert worden"

אין ספק ,"ייאמר" ,רעיונות דתיים ,מוסריים ,פילוסופיים ומשפטיים"
"שונו במהלך ההתפתחות ההיסטורית

"Aber Religion, Moralphilosophie, Politikwissenschaft und Recht überlebten diesen Wandel ständig."

אבל הדת ,פילוסופיית המוסר ,מדע המדינה והמשפט ,שרדו כל הזמן"
"את השינוי הזה

"Es gibt auch ewige Wahrheiten, wie Freiheit, Gerechtigkeit usw."

"יש גם אמיתות נצחיות ,כמו חופש ,צדק וכו"

"Diese ewigen Wahrheiten sind allen Zuständen der Gesellschaft gemeinsam"

"אמיתות נצחיות אלה משותפות לכל מצבי החברה"

"Aber der Kommunismus schafft die ewigen Wahrheiten ab, er schafft alle Religion und alle Moral ab."

אבל הקומוניזם מבטל אמיתות נצחיות ,הוא מבטל את כל הדת ואת"
"כל המוסר

"Sie tut dies, anstatt sie auf einer neuen Grundlage zu konstituieren"

"היא עושה זאת במקום להרכיב אותם על בסיס חדש"

"Sie handelt daher im Widerspruch zu allen bisherigen historischen Erfahrungen"

"היא פועלת אפוא בניגוד לכל ניסיון היסטורי מן העבר"

Worauf reduziert sich dieser Vorwurf?

?למה מצמצמת האשמה זו את עצמה

Die Geschichte aller vergangenen Gesellschaften hat in der Entwicklung von Klassengegensätzen bestanden

ההיסטוריה של כל חברות העבר כללה התפתחות של אנטגוניזם מעמדי

Antagonismen, die in verschiedenen Epochen unterschiedliche Formen annahmen

אנטגוניזם שלבש צורות שונות בתקופות שונות

Aber welche Form sie auch immer angenommen haben mögen, eine Tatsache ist allen vergangenen Zeitaltern gemeinsam

אבל תהיה צורתם אשר תהיה ,עובדה אחת משותפת לכל העידנים
הקודמים

die Ausbeutung eines Teils der Gesellschaft durch den anderen

ניצול חלק אחד של החברה על ידי האחר

Kein Wunder also, dass sich das gesellschaftliche
Bewußtsein vergangener Zeiten innerhalb gewisser
allgemeiner Formen oder allgemeiner Vorstellungen bewegt

אין פלא ,אם כן ,שהתודעה החברתית של העידנים הקודמים נעה בתוך
צורות משותפות מסוימות ,או רעיונות כלליים

(und das trotz aller Vielfalt und Vielfalt, die es zeigt)

(וזה למרות כל הריבוי והמגוון שהוא מציג)

Und diese können nur mit dem gänzlichen Verschwinden
der Klassengegensätze völlig verschwinden

ואלה אינם יכולים להיעלם לחלוטין אלא עם היעלמותם המוחלטת
של האנטגוניזם המעמדי

Die kommunistische Revolution ist der radikalste Bruch mit
den traditionellen Eigentumsverhältnissen

המהפכה הקומוניסטית היא הקרע הקיצוני ביותר ביחסי הקניין
המסורתיים

Kein Wunder, dass ihre Entwicklung den radikalsten Bruch
mit den traditionellen Vorstellungen mit sich bringt

אין פלא שהתפתחותה כרוכה בקרע הרדיקלי ביותר עם רעיונות
מסורתיים

Aber lassen wir die Einwände der Bourgeoisie gegen den
Kommunismus hinter uns

אבל בואו נסיים עם ההתנגדות הבורגנית לקומוניזם

Wir haben oben den ersten Schritt der Arbeiterklasse in der
Revolution gesehen

ראינו לעיל את הצעד הראשון במהפכה של מעמד הפועלים

Das Proletariat muss zur Herrschaft erhoben werden, um
den Kampf der Demokratie zu gewinnen

יש להעלות את הפרולטריון לעמדת השלטון ,כדי לנצח בקרב על
הדמוקרטיה

Das Proletariat wird seine politische Vorherrschaft
benutzen, um der Bourgeoisie nach und nach alles Kapital
zu entreißen

הפרולטריון ישתמש בעליונותו הפוליטית כדי לגרוף ,במעלות ,את כל
ההון מהבורגנות

sie wird alle Produktionsmittel in den Händen des Staates
zentralisieren

היא תרכז את כל מכשירי הייצור בידי המדינה

Mit anderen Worten, das Proletariat organisierte sich als
herrschende Klasse

במילים אחרות ,הפרולטריון התארגן כמעמד השליט

Und sie wird die Summe der Produktivkräfte so schnell wie möglich vermehren

וזה יגדיל את סך הכוחות היצרניים מהר ככל האפשר

Natürlich kann dies anfangs nur durch despotische Eingriffe in die Eigentumsrechte geschehen

כמובן, בהתחלה, זה לא יכול להתבצע אלא באמצעות דרכים רודניות על זכויות הקניין

und sie muss unter den Bedingungen der Bourgeoisie Produktion erreicht werden

וזה צריך להיות מושג בתנאים של ייצור בורגני

Sie wird also durch Maßnahmen erreicht, die wirtschaftlich unzureichend und unhaltbar erscheinen

היא מושגת באמצעות אמצעים, אם כן, שנראים בלתי מספיקים מבחינה כלכלית ובלתי נסבלים

aber diese Mittel überflügeln sich im Laufe der Bewegung selbst

אבל אמצעים אלה, במהלך התנועה, עולים על עצמם

sie erfordern weitere Eingriffe in die alte Gesellschaftsordnung

הם מחייבים חדירה נוספת לסדר החברתי הישן

und sie sind unvermeidlich, um die Produktionsweise völlig zu revolutionieren

והם בלתי נמנעים כאמצעי למהפכה מוחלטת במצב הייצור

Diese Maßnahmen werden natürlich in den verschiedenen Ländern unterschiedlich sein

צעדים אלה יהיו כמובן שונים במדינות שונות

Nichtsdestotrotz wird in den am weitesten fortgeschrittenen Ländern das Folgende ziemlich allgemein anwendbar sein

עם זאת, במדינות המתקדמות ביותר, הדברים הבאים יהיו ישימים באופן כללי למדי

1. Abschaffung des Grundeigentums und Verwendung aller Grundrenten für öffentliche Zwecke.

1- ביטול רכוש במקרקעין והחלת כל דמי השכירות של קרקעות למטרות ציבוריות-

2. Eine hohe progressive oder abgestufte Einkommensteuer.

2-מס הכנסה פרוגרסיבי כבד או מדורג -

3. Abschaffung jeglichen Erbrechts.

3-ביטול כל זכות ירושה -

4. Konfiskation des Eigentums aller Emigranten und Rebellen.

‏4-החרמת רכושם של כל המהגרים והמורדים -

5. Zentralisierung des Kredits in den Händen des Staates durch eine Nationalbank mit staatlichem Kapital und ausschließlichem Monopol.

‏5- ריכוז האשראי בידי המדינה ,באמצעות בנק לאומי בעל הון מדינה ומונופול בלעדי.

6. Zentralisierung der Kommunikations- und Transportmittel in den Händen des Staates.

‏6-ריכוז אמצעי התקשורת והתחבורה בידי המדינה -

7. Ausbau der Fabriken und Produktionsmittel im Eigentum des Staates

‏7-הרחבת מפעלים ומכשירי ייצור בבעלות המדינה

die Kultivierung von Ödland und die Verbesserung des Bodens überhaupt nach einem gemeinsamen Plan.

‏הכנסת שטחי פסולת לעיבוד והשבחת הקרקע בדרך כלל בהתאם לתוכנית משותפת.

8. Gleiche Haftung aller für die Arbeit

‏8-אחריות שווה של כולם לעבודה

Aufbau von Industriearmeen, vor allem für die Landwirtschaft.

‏הקמת צבאות תעשייתיים ,בעיקר לחקלאות-

9. Kombination der Landwirtschaft mit dem verarbeitenden Gewerbe

‏9-שילוב של חקלאות עם תעשיות ייצור

allmähliche Aufhebung der Unterscheidung zwischen Stadt und Land durch eine gleichmäßigere Verteilung der Bevölkerung über das Land.

‏ביטול הדרגתי של ההבחנה בין עיר למדינה ,על ידי פיזור שוויוני יותר של האוכלוסייה על פני הארץ-

10. Kostenlose Bildung für alle Kinder in öffentlichen Schulen.

‏10-חינוך חינם לכל הילדים בבתי הספר הציבוריים -

Abschaffung der Kinderfabrikarbeit in ihrer jetzigen Form

‏ביטול עבודת הילדים במפעלים במתכונתה הנוכחית

Kombination von Bildung und industrieller Produktion

‏שילוב של חינוך עם ייצור תעשייתי

Wenn im Laufe der Entwicklung die Klassenunterschiede verschwunden sind

כאשר ,במהלך ההתפתחות ,נעלמו ההבחנות המעמדיות

und wenn die ganze Produktion in den Händen einer ungeheuren Assoziation der ganzen Nation konzentriert ist

וכאשר כל הייצור מרוכז בידי אגודה עצומה של האומה כולה

dann verliert die Staatsgewalt ihren politischen Charakter

אז הכוח הציבורי יאבד את אופיו הפוליטי

Politische Macht, eigentlich so genannt, ist nichts anderes als die organisierte Macht einer Klasse, um eine andere zu unterdrücken

כוח פוליטי ,כך נקרא בצדק ,הוא בסך הכל הכוח המאורגן של מעמד אחד לדיכוי מעמד אחר

Wenn das Proletariat in seinem Kampf mit der Bourgeoisie durch die Gewalt der Umstände gezwungen ist, sich als Klasse zu organisieren

אם הפרולטריון במהלך מאבקו עם הבורגנות נאלץ ,מכורח הנסיבות, להתארגן כמעמד

wenn sie sich durch eine Revolution zur herrschenden Klasse macht

אם ,באמצעות מהפכה ,הוא הופך את עצמו למעמד השליט

und als solche fegt sie mit Gewalt die alten Produktionsbedingungen hinweg

וככזה ,הוא סוחף בכוח את תנאי הייצור הישנים

dann wird sie mit diesen Bedingungen auch die Bedingungen für die Existenz der Klassengegensätze und der Klassen überhaupt hinweggefegt haben

אז ,יחד עם תנאים אלה ,היא תטאטא את התנאים לקיומם של אנטגוניזם מעמדי ושל מעמדות באופן כללי

und wird damit seine eigene Vorherrschaft als Klasse aufgehoben haben.

ובכך יבטל את עליונותו שלו כמעמד-

An die Stelle der alten Bourgeoisie Gesellschaft mit ihren Klassen und Klassengegensätzen treten eine Assoziation

במקום החברה הבורגנית הישנה ,על המעמדות והאנטגוניזם המעמדי שלה ,תהיה לנו אגודה

eine Assoziation, in der die freie Entwicklung eines jeden die Bedingung für die freie Entwicklung aller ist

אגודה שבה ההתפתחות החופשית של כל אחד מהם היא התנאי
להתפתחות חופשית של כולם

1) Reaktionärer Sozialismus

סוציאליזם ריאקציונרי

a) Feudaler Sozialismus

א) סוציאליזם פיאודלי

Die Aristokratien Frankreichs und Englands hatten eine einzigartige historische Stellung

האריסטוקרטיה של צרפת ואנגליה הייתה בעלת מעמד היסטורי ייחודי

es wurde zu ihrer Berufung, Pamphlete gegen die moderne Boureoisie Gesellschaft zu schreiben

ייעודם היה לכתוב חוברות נגד החברה הבורגנית המודרנית

In der französischen Revolution vom Juli 1830 und in der englischen Reformagitation

במהפכה הצרפתית ביולי 1830, ובתסיסה הרפורמיסטית האנגלית

Diese Aristokratien erlagen wieder dem hasserfüllten Emporkömmling

אריסטוקרטיות אלה נכנעו שוב להתפרצות רוויית השנאה

An eine ernsthafte politische Auseinandersetzung war fortan nicht mehr zu denken

מכאן ואילך, תחרות פוליטית רצינית לא באה בחשבון

Alles, was möglich blieb, war eine literarische Schlacht, keine wirkliche Schlacht

כל מה שנותר אפשרי היה קרב ספרותי, לא קרב של ממש

Aber auch auf dem Gebiet der Literatur waren die alten Schreie der Restaurationszeit unmöglich geworden

אבל אפילו בתחום הספרות, הזעקות הישנות של תקופת הרסטורציה
הפכו לבלתי אפשריות

Um Sympathie zu erregen, mußte die Aristokratie offenbar ihre eigenen Interessen aus den Augen verlieren

כדי לעורר אהדה, האריסטוקרטיה נאלצה לשכוח, ככל הנראה, את
האינטרסים שלהם

und sie waren gezwungen, ihre Anklage gegen die
Bourgeoisie im Interesse der ausgebeuteten Arbeiterklasse
zu formulieren

והם היו חייבים לנסח את כתב האישום שלהם נגד הבורגנות לטובת
מעמד הפועלים המנוצל

So rächte sich die Aristokratie, indem sie ihren neuen Herrn
verspottete

כך נקמה האריסטוקרטיה בשירת למפונים על אדונם החדש

Und sie rächten sich, indem sie ihm unheimliche
Prophezeiungen über die kommende Katastrophe ins Ohr
flüsterten

והם נקמו את נקמתם בכך שלחשו באוזניו נבואות זדוניות על אסון
מתקרב

So entstand der feudale Sozialismus: halb Klage, halb Spott

בדרך זו קם הסוציאליזם הפיאודלי: חצי קינה, חצי למפון

Es klang halb wie ein Echo der Vergangenheit und
projizierte halb die Bedrohung der Zukunft

הוא צלצל כחצי הד של העבר, והקרין חצי איום על העתיד

zuweilen traf sie durch ihre bittere, geistreiche und scharfe
Kritik die Bourgeoisie bis ins Mark

לעתים, בביקורתה המרה, השנונה והנוקבת, היא פגעה בבורגנות עד
עמקי נשמתה

aber es war immer lächerlich in seiner Wirkung, weil es
völlig unfähig war, den Gang der neueren Geschichte zu
begreifen

אבל זה תמיד היה מגוחך בהשפעתו, בגלל חוסר יכולת מוחלט להבין
את מצעד ההיסטוריה המודרנית

Die Aristokratie schwenkte, um das Volk um sich zu
scharen, den proletarischen Almosensack als Banner

האריסטוקרטיה, כדי לגייס את העם אליהם, הניפה את שק הנדבה
הפרולטרי בחזית לדגל

Aber das Volk, so oft es sich zu ihnen gesellte, sah auf
seinem Hinterteil die alten Feudalwappen

אבל האנשים, לעתים קרובות כל כך כשהצטרפו אליהם, ראו על
אחוריהם את מעילי הנשק הפיאודליים הישנים

Und sie verließen mit lautem und respektlosem Gelächter

והם נטשו בצחוק רם וחסר כבוד

Ein Teil der französischen Legitimisten und des "jungen
Englands" zeigte dieses Schauspiel

חלק אחד של הלגיטימיסטים הצרפתים ו"אנגליה הצעירה "הציג את המחזה הזה

die Feudalisten wiesen darauf hin, dass ihre Ausbeutungsweise eine andere sei als die der Bourgeoisie

הפיאודליסטים הצביעו על כך שאופן הניצול שלהם שונה מזה של הבורגנות

Die Feudalisten vergessen, dass sie unter ganz anderen Umständen und Bedingungen ausgebeutet haben

הפיאודליסטים שוכחים שהם ניצלו בנסיבות ובתנאים שונים לגמרי

Und sie haben nicht bemerkt, dass solche Methoden der Ausbeutung heute veraltet sind

והם לא שמו לב ששיטות ניצול כאלה הן כיום מיושנות

Sie zeigten, dass unter ihrer Herrschaft das moderne Proletariat nie existiert hat

הם הראו שתחת שלטונם ,הפרולטריון המודרני מעולם לא היה קיים

aber sie vergessen, daß die moderne Bourgeoisie der notwendige Sprößling ihrer eigenen Gesellschaftsform ist

אבל הם שוכחים שהבורגנות המודרנית היא הצאצא ההכרחי של צורת החברה שלהם

Im übrigen verbergen sie kaum den reaktionären Charakter ihrer Kritik

עבור השאר ,הם בקושי מסתירים את האופי הריאקציוני של הביקורת שלהם

ihre Hauptanklage gegen die Bourgeoisie läuft auf folgendes hinaus

האשמתם העיקרית נגד הבורגנות מסתכמת בדברים הבאים:

unter dem Boureoisie Regime entwickelt sich eine soziale Klasse

תחת המשטר הבורגני מתפתח מעמד חברתי

Diese soziale Klasse ist dazu bestimmt, die alte Gesellschaftsordnung an der Wurzel zu zerschneiden

מעמד חברתי זה נועד להכות שורש ולהסתעף מהסדר הישן של החברה

Womit sie die Bourgeoisie aufpeppen, ist nicht so sehr, dass sie ein Proletariat schafft

מה שהם מרימים את הבורגנות איתו הוא לא עד כדי כך שזה יוצר פרולטריון

womit sie die Bourgeoisie aufpeppen, ist mehr, dass sie ein revolutionäres Proletariat schafft

מה שהם מרימים את הבורגנות איתו הוא יותר מכך שהוא יוצר פרולטריון מהפכני

In der politischen Praxis beteiligen sie sich daher an allen Zwangsmaßnahmen gegen die Arbeiterklasse

בפועל ,אם כן ,הם מצטרפים לכל אמצעי הכפייה נגד מעמד הפועלים

Und im gewöhnlichen Leben bücken sie sich, trotz ihrer hochtrabenden Phrasen, um die goldenen Äpfel aufzuheben, die vom Baum der Industrie fallen gelassen wurden

ובחיים הרגילים ,למרות המשפטים הגבוהים שלהם ,הם מתכופפים להרים את תפוחי הזהב שנשרו מעץ התעשייה

Und sie tauschen Wahrheit, Liebe und Ehre gegen den Handel mit Wolle, Rote-Bete-Zucker und Kartoffelbränden

והם מחליפים אמת ,אהבה וכבוד תמורת מסחר בצמר ,סלק-סוכר ומשקאות חריפים

Wie der Pfarrer immer Hand in Hand mit dem Gutsherrn gegangen ist, so ist es der klerikale Sozialismus mit dem feudalen Sozialismus getan

כפי שהכומר הלך יד ביד עם בעל הבית ,כך גם הסוציאליזם הפקידותי עם הסוציאליזם הפיאודלי

Nichts ist leichter, als der christlichen Askese einen sozialistischen Anstrich zu geben

אין דבר קל יותר מאשר לתת לסגפנות הנוצרית גוון סוציאליסטי

Hat nicht das Christentum gegen das Privateigentum, gegen die Ehe, gegen den Staat deklamiert?

?האם הנצרות לא הכריזה נגד רכוש פרטי ,נגד נישואין ,נגד המדינה

Hat das Christentum nicht an die Stelle dieser Nächstenliebe und Armut getreten?

?האם הנצרות לא הטיפה במקום אלה ,צדקה ועוני

Predigt das Christentum nicht den Zölibat und die Abtötung des Fleisches, das monastische Leben und die Mutter Kirche?

האם הנצרות אינה מטיפה לפרישות ולמוות של הבשר ,חיי הנזירות וכנסיית האם?

Der christliche Sozialismus ist nur das Weihwasser, mit dem der Priester das Herzbrennen des Aristokraten weiht

הסוציאליזם הנוצרי אינו אלא המים הקדושים שבהם הכומר מקדש את צריבות ליבו של האריסטוקרט

b) Kleinbürgerlicher Sozialismus

ב) סוציאליזם זעיר-בורגני

Die feudale Aristokratie war nicht die einzige Klasse, die
von der Bourgeoisie ruiniert wurde

האריסטוקרטיה הפיאודלית לא הייתה המעמד היחיד שנהרס על ידי
הבורגנות

sie war nicht die einzige Klasse, deren Existenzbedingungen
in der Atmosphäre der modernen Bourgeoisie Gesellschaft
schmachten und zugrunde gingen

זה לא היה המעמד היחיד שתנאי קיומו נתלו וגוועו באווירה של
החברה הבורגנית המודרנית

Die mittelalterliche Bürgerschaft und die kleinbäuerlichen
Eigentümer waren die Vorläufer des modernen Bourgeoisie

הבורגנים של ימי הביניים ובעלי האיכרים הקטנים היו מבשרי
הבורגנות המודרנית

In den Ländern, die industriell und kommerziell nur wenig
entwickelt sind, vegetieren diese beiden Klassen noch Seite
an Seite

באותן ארצות מפותחות מעט ,תעשייתית ומסחרית ,שני מעמדות אלה
עדיין צומחים זה לצד זה

und in der Zwischenzeit erhebt sich die Bourgeoisie neben
ihnen: industriell, kommerziell und politisch

ובינתיים קמה לידם הבורגנות :תעשייתית ,מסחרית ופוליטית

In den Ländern, in denen die moderne Zivilisation voll
entwickelt ist, hat sich eine neue Klasse des
Kleinbourgeoisie gebildet

בארצות שבהן הציוויליזציה המודרנית התפתחה במלואה ,נוצר מעמד
חדש של בורגנות זעירה

diese neue soziale Klasse schwankt zwischen Proletariat
und Bourgeoisie

מעמד חברתי חדש זה נע בין פרולטריון לבורגנות

und sie erneuert sich ständig als ergänzender Teil der
Bourgeoisie Gesellschaft

והיא הולכת ומתחדשת כחלק משלים של החברה הבורגנית

Die einzelnen Glieder dieser Klasse aber werden
fortwährend in das Proletariat hinabgeschleudert

אבל החברים היחידים של המעמד הזה מושלכים ללא הרף אל תוך
הפרולטריון

sie werden vom Proletariat durch die Einwirkung der
Konkurrenz aufgesaugt

הם נשאבים על ידי הפרולטריון באמצעות פעולת התחרות

In dem Maße, wie sich die moderne Industrie entwickelt,
sehen sie sogar den Augenblick herannahen, in dem sie als
eigenständiger Teil der modernen Gesellschaft völlig
verschwinden wird

ככל שהתעשייה המודרנית מתפתחת, הם אפילו רואים את הרגע
המתקרב שבו הם ייעלמו לחלוטין כחלק עצמאי של החברה המודרנית

Sie werden in der Manufaktur, in der Landwirtschaft und
im Handel durch Aufseher, Gerichtsvollzieher und Krämer
ersetzt werden

הם יוחלפו, בתעשייה, בחקלאות ובמסחר, על ידי משגיחים, פקידים
וחנוונים

In Ländern wie Frankreich, wo die Bauern weit mehr als die
Hälfte der Bevölkerung ausmachen

במדינות כמו צרפת, שבהן האיכרים מהווים הרבה יותר ממחצית
האוכלוסייה

es war natürlich, dass es Schriftsteller gab, die sich auf die
Seite des Proletariats gegen die Bourgeoisie stellten

טבעי היה שיש סופרים שצידדו בפרולטריון נגד הבורגנות

in ihrer Kritik am Bourgeoisie Regime benutzten sie den
Maßstab des Bauern- und Kleinbourgeoisie

בביקורתם על המשטר הבורגני הם השתמשו בסטנדרט של האיכרים
והבורגנות הזעירה

Und vom Standpunkt dieser Zwischenklassen aus ergreifen
sie die Keule für die Arbeiterklasse

ומנקודת המבט של מעמדות הביניים האלה הם לוקחים את
הקאדג׳לים עבור מעמד הפועלים

So entstand der Kleinbourgeoisie Sozialismus, dessen
Haupt Sismondi nicht nur in Frankreich, sondern auch in
England war

כך צמח הסוציאליזם הזעיר-בורגני, שסיסמונדי עמד בראש אסכולה זו
לא רק בצרפת אלא גם באנגליה

Diese Schule des Sozialismus sezierte mit großer Schärfe die
Widersprüche in den Bedingungen der modernen
Produktion

אסכולה זו של הסוציאליזם ניתחה בחריפות רבה את הסתירות בתנאי
הייצור המודרני

Diese Schule entlarvte die heuchlerischen
Entschuldigungen der Ökonomen

האסכולה הזו חשפה את ההתנצלויות הצבועות של הכלכלנים

Diese Schule bewies unwiderlegbar die verheerenden
Auswirkungen der Maschinerie und der Arbeitsteilung

אסכולה זו הוכיחה ,ללא עוררין ,את ההשפעות ההרסניות של מכונות
וחלוקת עבודה

Es bewies die Konzentration von Kapital und Grund und
Boden in wenigen Händen

היא הוכיחה את ריכוז ההון והקרקעות בכמה ידיים

sie bewies, wie Überproduktion zu Bourgeoisie-Krisen führt

היא הוכיחה כיצד ייצור יתר מוביל למשברים בורגניים

sie wies auf den unvermeidlichen Ruin des
Kleinbourgeoisie' und der Bauern hin

הוא הצביע על חורבנם הבלתי נמנע של הבורגנים והאיכרים הזעירים

das Elend des Proletariats, die Anarchie in der Produktion,
die schreiende Ungleichheit in der Verteilung des
Reichtums

אומללותו של הפרולטריון ,האנרכיה בייצור ,אי-השוויון הזועק
בחלוקת העושר

Er zeigte, wie das Produktionssystem den industriellen
Vernichtungskrieg zwischen den Nationen führt

הוא הראה כיצד מערכת הייצור מובילה את מלחמת ההשמדה
התעשייתית בין העמים

die Auflösung der alten sittlichen Bande, der alten
Familienverhältnisse, der alten Nationalitäten

פירוק הקשרים המוסריים הישנים ,יחסי המשפחה הישנים ,הלאומים
הישנים

In ihren positiven Zielen strebt diese Form des Sozialismus
jedoch eines von zwei Dingen an

עם זאת ,במטרותיו החיוביות ,צורה זו של סוציאליזם שואפת להשיג
אחד משני דברים

Entweder zielt sie darauf ab, die alten Produktions- und
Tauschmittel wiederherzustellen

או שהיא שואפת להחזיר את אמצעי הייצור והחליפין הישנים

und mit den alten Produktionsmitteln würde sie die alten
Eigentumsverhältnisse und die alte Gesellschaft
wiederherstellen

ועם אמצעי הייצור הישנים זה ישקם את יחסי הרכוש הישנים ,ואת
החברה הישנה

oder sie zielt darauf ab, die modernen Produktions- und
Austauschmittel in den alten Rahmen der
Eigentumsverhältnisse zu zwängen

או שהיא שואפת לדחוס את אמצעי הייצור והחליפין המודרניים לתוך
המסגרת הישנה של יחסי הרכוש

In beiden Fällen ist es sowohl reaktionär als auch utopisch

בכל מקרה, היא ריאקציונרית ואוטופית כאחד

Seine letzten Worte lauten: Korporativzünfte für die
Manufaktur, patriarchalische Verhältnisse in der
Landwirtschaft

מילותיו האחרונות הן: גילדות תאגידיות לייצור, יחסים פטריארכליים
בחקלאות

Schließlich, als hartnäckige historische Tatsachen alle
berauschenden Wirkungen der Selbsttäuschung zerstreut
hatten,

בסופו של דבר, כאשר עובדות היסטוריות עקשניות פיזרו את כל
ההשפעות המשכרות של הונאה עצמית

diese Form des Sozialismus endete in einem elenden Anfall
von Mitleid

צורה זו של סוציאליזם הסתיימה בהתקף אומלל של רחמים

c) Deutscher oder "wahrer" Sozialismus

ג) סוציאליזם גרמני, או "אמיתי"

Die sozialistische und kommunistische Literatur
Frankreichs entstand unter dem Druck einer herrschenden
Bourgeoisie

הספרות הסוציאליסטית והקומוניסטית של צרפת נולדה תחת לחץ
של בורגנות בשלטון

Und diese Literatur war der Ausdruck des Kampfes gegen
diese Macht

והספרות הזאת היתה הביטוי למאבק נגד הכוח הזה

sie wurde in Deutschland zu einer Zeit eingeführt, als die
Bourgeoisie gerade ihren Kampf mit dem feudalen
Absolutismus begonnen hatte

היא הובאה לגרמניה בתקופה שבה הבורגנות רק החלה את מאבקה
עם האבסולוטיזם הפיאודלי

Deutsche Philosophen, Möchtegern-Philosophen und Beaux
Esprits griffen begierig zu dieser Literatur

פילוסופים גרמנים ,פילוסופים לעתיד ואספריטים ,נאחזו בשקיקה
בספרות זו

aber sie vergaßen, daß die Schriften aus Frankreich nach
Deutschland einwanderten, ohne die französischen
Gesellschaftsverhältnisse mitzubringen

אבל הם שכחו שהכתבים היגרו מצרפת לגרמניה בלי להביא איתם את
התנאים הסוציאליים הצרפתיים

Im Kontakt mit den deutschen gesellschaftlichen
Verhältnissen verlor diese französische Literatur ihre
unmittelbare praktische Bedeutung

במגע עם התנאים החברתיים הגרמניים איבדה ספרות צרפתית זו את
כל משמעותה המעשית המיידית

und die kommunistische Literatur Frankreichs nahm in
deutschen akademischen Kreisen einen rein literarischen
Aspekt an

והספרות הקומוניסטית של צרפת קיבלה היבט ספרותי טהור בחוגים
אקדמיים גרמניים

So waren die Forderungen der ersten Französischen
Revolution nichts anderes als die Forderungen der
"praktischen Vernunft"

לפיכך, הדרישות של המהפכה הצרפתית הראשונה לא היו יותר מאשר
"הדרישות של "התבונה המעשית

und die Willensäußerung der revolutionären französischen
Bourgeoisie bedeutete in ihren Augen das Gesetz des reinen
Willens

ואמירת רצונה של הבורגנות הצרפתית המהפכנית סימלה בעיניהם את
חוק הרצון הטהור

es bedeutete den Willen, wie er sein mußte; des wahren
menschlichen Willens überhaupt

הוא סימל את הרצון כפי שהוא חייב להיות; של רצון אנושי אמיתי
באופן כללי

Die Welt der deutschen Literaten bestand einzig und allein
darin, die neuen französischen Ideen mit ihrem alten
philosophischen Gewissen in Einklang zu bringen

עולמו של המשכיל הגרמני כלל אך ורק את הבאת הרעיונות
הצרפתיים החדשים להרמוניה עם מצפונם הפילוסופי העתיק

oder vielmehr, sie annektierten die französischen Ideen,
ohne ihren eigenen philosophischen Standpunkt
aufzugeben

או ליתר דיוק, הם סיפחו את הרעיונות הצרפתיים מבלי לנטוש את
נקודת המבט הפילוסופית שלהם

Diese Annexion vollzog sich auf die gleiche Weise, wie man
sich eine Fremdsprache aneignet, nämlich durch
Übersetzung

סיפוח זה התרחש באותו אופן שבו ניכוס שפה זרה, כלומר על ידי
תרגום

Es ist bekannt, wie die Mönche alberne Leben katholischer
Heiliger über Manuskripte schrieben

ידוע היטב כיצד הנזירים כתבו חיים מטופשים של קדושים קתולים על
כתבי יד

die Manuskripte, auf denen die klassischen Werke des
antiken Heidentums geschrieben waren

כתבי היד שעליהם נכתבו היצירות הקלאסיות של עבודת האלילים
העתיקה

Die deutschen Literaten kehrten diesen Prozess mit der
profanen französischen Literatur um

הספרות הגרמנית הפכה את התהליך הזה עם הספרות הצרפתית הגסה

Sie schrieben ihren philosophischen Unsinn unter das
französische Original

הם כתבו את השטויות הפילוסופיות שלהם מתחת למקור הצרפתי

Zum Beispiel schrieben sie unter der französischen Kritik an
den ökonomischen Funktionen des Geldes "Entfremdung
der Menschheit"

למשל, מתחת לביקורת הצרפתית על הפונקציות הכלכליות של הכסף
הם כתבו "ניכור האנושות"

unter die französische Kritik am Bourgeoisie Staat schrieben
sie "Entthronung der Kategorie des Generals"

מתחת לביקורת הצרפתית על המדינה הבורגנית הם כתבו "הדחת
הקטגוריה של הגנרל"

Die Einführung dieser philosophischen Phrasen hinter der
französischen Geschichtskritik nannten sie:

הצגתם של ביטויים פילוסופיים אלה בגב הביקורת ההיסטורית
הצרפתית שהם כינו:

"Philosophie des Handelns", "Wahrer Sozialismus",
"Deutsche Sozialismuswissenschaft", "Philosophische
Grundlagen des Sozialismus" und so weiter

פילוסופיה של פעולה", "סוציאליזם אמיתי", "מדע הסוציאליזם"
הגרמני", "היסוד הפילוסופי של הסוציאליזם "וכן הלאה

Die französische sozialistische und kommunistische
Literatur wurde damit völlig entmannt

הספרות הסוציאליסטית והקומוניסטית הצרפתית נמחקה אפוא
לחלוטין

in den Händen der deutschen Philosophen hörte sie auf, den
Kampf der einen Klasse mit der anderen auszudrücken

בידי הפילוסופים הגרמנים היא חדלה לבטא את מאבקו של מעמד
אחד עם האחר

und so fühlten sich die deutschen Philosophen bewußt, die
"französische Einseitigkeit" überwunden zu haben

וכך חשו הפילוסופים הגרמנים מודעים לכך שהתגברו על "החד-צדדיות
הצרפתית"

Sie musste keine wahren Forderungen repräsentieren,
sondern sie repräsentierte Forderungen der Wahrheit

היא לא הייתה חייבת לייצג דרישות אמיתיות, אלא ייצגה דרישות של
אמת

es gab kein Interesse am Proletariat, sondern an der
menschlichen Natur

לא היה עניין בפרולטריון, אלא היה עניין בטבע האדם

das Interesse galt dem Menschen überhaupt, der keiner
Klasse angehört und keine Wirklichkeit hat

העניין היה באדם בכללותו, שאינו שייך לשום מעמד, ואין לו ממשות

ein Mann, der nur im nebligen Reich der philosophischen
Fantasie existiert

אדם שקיים רק בתחום הערפילי של הפנטזיה הפילוסופית

aber schließlich verlor auch dieser deutsche
Schulsozialismus seine pedantische Unschuld

אבל בסופו של דבר גם הסוציאליזם הגרמני הזה איבד את תמימותו
;הפדנטית

die deutsche Bourgeoisie und besonders die preußische
Bourgeoisie kämpfte gegen die feudale Aristokratie

הבורגנות הגרמנית ,ובמיוחד הבורגנות הפרוסית ,נלחמו נגד
האריסטוקרטיה הפיאודלית

auch die absolute Monarchie Deutschlands und Preußens
wurde bekämpft

גם המונרכיה האבסולוטית של גרמניה ופרוסיה התמודדה

Und im Gegenzug wurde auch die Literatur der liberalen
Bewegung ernster

ובתורו ,גם הספרות של התנועה הליברלית נעשתה רצינית יותר

Deutschlands lang ersehnte Chance auf einen "wahren"
Sozialismus wurde geboten

ההזדמנות המיוחלת של גרמניה לסוציאליזם "אמיתי "הוצעה

die Möglichkeit, die politische Bewegung mit den
sozialistischen Forderungen zu konfrontieren

ההזדמנות לעמת את התנועה הפוליטית עם הדרישות הסוציאליסטיות

die Gelegenheit, die traditionellen Bannsprüche gegen den
Liberalismus zu schleudern

ההזדמנות להטיח את ההשמצות המסורתיות נגד הליברליזם

die Möglichkeit, die repräsentative Regierung und die
Bourgeoisie Konkurrenz anzugreifen

ההזדמנות לתקוף את הממשלה הייצוגית ואת התחרות הבורגנית

Pressefreiheit der Bourgeoisie, Bourgeoisie Gesetzgebung,
Bourgeoisie Freiheit und Gleichheit

חופש העיתונות הבורגני ,החקיקה הבורגנית ,החירות הבורגנית
והשוויון

All dies könnte nun in der realen Welt kritisiert werden,
anstatt in der Fantasie

את כל אלה אפשר היה לבקר בעולם האמיתי ,ולא בפנטזיה

Feudalaristokratie und absolute Monarchie hatten den
Massen lange gepredigt

האריסטוקרטיה הפיאודלית והמלוכה האבסולוטית הטיפו זה מכבר
להמונים

"Der Arbeiter hat nichts zu verlieren und er hat alles zu gewinnen"

"לאדם העובד אין מה להפסיד ,ויש לו מה להרוויח"

auch die Bourgeoisie bewegung bot eine Chance, sich mit diesen Plattitüden auseinanderzusetzen

התנועה הבורגנית גם הציעה הזדמנות להתעמת עם קלישאות אלה

die französische Kritik setzte die Existenz der modernen Bourgeoisie Gesellschaft voraus

הביקורת הצרפתית הניחה מראש את קיומה של החברה הבורגנית המודרנית

Bourgeoisie, ökonomische Existenzbedingungen und Bourgeoisie politische Verfassung

תנאי קיום כלכליים בורגניים וחוקה פוליטית בורגנית

gerade die Dinge, deren Errungenschaft Gegenstand des in Deutschland anstehenden Kampfes war

אותם דברים שהשגתם הייתה מושא המאבק התלוי ועומד בגרמניה

Deutschlands albernes Echo des Sozialismus hat diese Ziele gerade noch rechtzeitig aufgegeben

ההד המטופש של הסוציאליזם הגרמני נטש את המטרות הללו בדיוק במרוצת הזמן

Die absoluten Regierungen hatten ihre Gefolgschaft aus Pfarrern, Professoren, Landjunkern und Beamten

לממשלות האבסולוטיות היו חסידים של פרסונים ,פרופסורים ,שונאי מדינה ופקידים

die damalige Regierung begegnete den deutschen Arbeiteraufständen mit Auspeitschungen und Kugeln

הממשלה של אותה תקופה פגשה את ההתקוממויות הגרמניות של מעמד הפועלים במכות ובכדורים

ihnen diente dieser Sozialismus als willkommene Vogelscheuche gegen die drohende Bourgeoisie

עבורם שימש הסוציאליזם הזה דחליל מבורך נגד הבורגנות המאיימת

und die deutsche Regierung konnte nach den bitteren Pillen, die sie austeilte, ein süßes Dessert anbieten

וממשלת גרמניה יכלה להציע קינוח מתוק אחרי הגלולות המרות שחילקה

dieser "wahre" Sozialismus diente also den Regierungen als Waffe im Kampf gegen die deutsche Bourgeoisie

סוציאליזם "אמיתי "זה שימש אפוא את הממשלות כנשק למאבק בבורגנות הגרמנית

und gleichzeitig repräsentierte sie direkt ein reaktionäres
Interesse; die der deutschen Philister

ובה בעת ,היא ייצגה ישירות אינטרס ריאקציוני ;זו של הפלשתים
הגרמנים

In Deutschland ist das Kleinbourgeoisie die wirkliche
gesellschaftliche Grundlage des bestehenden Zustandes

בגרמניה המעמד הבורגני הקטן הוא הבסיס החברתי האמיתי למצב
הדברים הקיים

Ein Relikt des sechzehnten Jahrhunderts, das immer wieder
in verschiedenen Formen auftaucht

שריד של המאה השש עשרה שצץ ללא הרף בצורות שונות

Diese Klasse zu bewahren bedeutet, den bestehenden
Zustand in Deutschland zu bewahren

לשמר מעמד זה לשמר את מצב הדברים הקיים בגרמניה

Die industrielle und politische Vorherrschaft der
Bourgeoisie bedroht das KleinBourgeoisie mit der sicheren
Vernichtung

עליונותה התעשייתית והפוליטית של הבורגנות מאיימת על הבורגנות
הקטנה בהרס ודאי

auf der einen Seite droht sie das Kleinbourgeoisiedurch die
Konzentration des Kapitals zu vernichten

מצד אחד ,היא מאיימת להרוס את הבורגנות הקטנה באמצעות ריכוז
ההון

auf der anderen Seite droht die Bourgeoisie, sie durch den
Aufstieg eines revolutionären Proletariats zu zerstören

מצד שני ,הבורגנות מאיימת להשמיד אותה באמצעות עלייתו של
פרולטריון מהפכני

Der "wahre" Sozialismus schien diese beiden Fliegen mit
einer Klappe zu schlagen. Es breitete sich wie eine Epidemie
aus

נראה שהסוציאליזם "האמיתי "הרג את שתי הציפורים האלה במכה
אחת-זה התפשט כמו מגיפה

Das Gewand spekulativer Spinnweben, bestickt mit Blumen
der Rhetorik, durchtränkt vom Tau kränklicher Gefühle

גלימת קורי עכביש ספקולטיבית ,רקומה בפרחי רטוריקה ,ספוגה בטל
של רגש חולני

dieses transzendentale Gewand, in das die deutschen
Sozialisten ihre traurigen "ewigen Wahrheiten" hüllten

גלימה טרנסצנדנטלית זו שבה עטפו הסוציאליסטים הגרמנים את
אמיתות הנצח "האומללות שלהם"

alle Haut und Knochen, dienten dazu, den Absatz ihrer
Waren bei einem solchen Publikum wunderbar zu
vermehren.

כל העור והעצם ,שימשו להגדלת מכירת סחורתם בקרב ציבור כזה

Und der deutsche Sozialismus seinerseits erkannte mehr
und mehr seine eigene Berufung

והסוציאליזם הגרמני מצידו הכיר ,יותר ויותר ,בייעודו שלו

sie war berufen, die bombastische Vertreterin des
Kleinbourgeoisie Philisters zu sein

היא נקראה להיות הנציגה הבומבסטית של הפלשתי הזעיר-בורגני

Sie proklamierte die deutsche Nation als Musternation und
den deutschen Kleinphilister als Mustermann

היא הכריזה על האומה הגרמנית כאומת המופת ,ועל הפלשתי הגרמני
הקטן כאיש המופת

Jeder schurkischen Gemeinheit dieses Mustermenschen gab
sie eine verborgene, höhere, sozialistische Deutung

לכל רשעות מרושעת של איש מופת זה היא נתנה פרשנות נסתרת,
גבוהה יותר, סוציאליסטית

diese höhere, sozialistische Deutung war das genaue
Gegenteil ihres wirklichen Charakters

פרשנות סוציאליסטית גבוהה זו הייתה ההפך הגמור מאופייה האמיתי

Sie ging so weit, sich der "brutal destruktiven" Tendenz des
Kommunismus direkt entgegenzustellen

היא הרחיקה לכת עד כדי התנגדות ישירה לנטייה "ההרסנית
באכזריות "של הקומוניזם

und sie proklamierte ihre höchste und unparteiische
Verachtung aller Klassenkämpfe

והיא הכריזה על הבוז העילאי וחסר הפניות שלה לכל מאבקי המעמדות

Mit sehr wenigen Ausnahmen gehören alle sogenannten
sozialistischen und kommunistischen Publikationen, die
jetzt (1847) in Deutschland zirkulieren, in den Bereich dieser
üblen und entnervenden Literatur

למעט יוצאים מן הכלל מעטים ,כל הפרסומים הסוציאליסטיים
והקומוניסטיים כביכול המופצים כיום(1847)בגרמניה שייכים
לתחומה של ספרות מצחינה ומסעירה זו

2) Konservativer Sozialismus oder bürgerlicher Sozialismus
סוציאליזם שמרני, או סוציאליזם בורגני

Ein Teil der Bourgeoisie will soziale Missstände beseitigen
חלק מהבורגנות רוצה לתקן עוולות חברתיות

um den Fortbestand der Bourgeoisie Gesellschaft zu sichern
כדי להבטיח את המשך קיומה של החברה הבורגנית

Zu dieser Sektion gehören Ökonomen, Philanthropen, Menschenfreunde
לחלק זה שייכים כלכלנים, פילנתרופים, הומניטרים

Verbesserer der Lage der Arbeiterklasse und Organisatoren der Wohltätigkeit
משפרי מצבו של מעמד הפועלים ומארגני צדקה

Mitglieder von Gesellschaften zur Verhütung von Tierquälerei
חברי אגודות צער בעלי חיים

Mäßigkeitsfanatiker, Loch-und-Ecken-Reformer aller erdenklichen Art
קנאי מזג, רפורמטורים חור ופינה מכל סוג שניתן להעלות על הדעת

Diese Form des Sozialismus ist überdies zu vollständigen Systemen ausgearbeitet worden
יתר על כן, צורה זו של סוציאליזם עובדה למערכות שלמות

Als Beispiel für diese Form sei Proudhons "Philosophie de la Misère" angeführt
של פרודון כדוגמה "Philosophie de la Misère" אנו יכולים לצטט את לצורה זו

Die sozialistische Bourgeoisie will alle Vorteile der modernen gesellschaftlichen Verhältnisse
הבורגנות הסוציאליסטית רוצה את כל היתרונות של התנאים החברתיים המודרניים

aber die sozialistische Bourgeoisie will nicht unbedingt die daraus resultierenden Kämpfe und Gefahren
אבל הבורגנות הסוציאליסטית לא בהכרח רוצה את המאבקים והסכנות הנובעות מכך

Sie wollen den bestehenden Zustand der Gesellschaft, abzüglich ihrer revolutionären und zerfallenden Elemente
הם רוצים את מצבה הקיים של החברה, מינוס מרכיביה המהפכניים והמתפוררים

mit anderen Worten, sie wünschen sich eine Bourgeoisie
ohne Proletariat

במילים אחרות, הם מייחלים לבורגנות ללא פרולטריון

Die Bourgeoisie begreift natürlich die Welt, in der sie die
höchste ist, die Beste zu sein

הבורגנות תופסת באופן טבעי את העולם שבו היא עליונה להיות
הטובה ביותר

und der Bourgeoisie Sozialismus entwickelt diese bequeme
Auffassung zu verschiedenen mehr oder weniger
vollständigen Systemen

והסוציאליזם הבורגני מפתח את התפיסה הנוחה הזו למערכות שלמות
פחות או יותר

sie wünschen sich sehr, dass das Proletariat geradewegs in
das soziale Neue Jerusalem marschiert

הם היו רוצים מאוד שהפרולטריון יצעד ישר לתוך ירושלים החדשה
החברתית

Aber in Wirklichkeit verlangt sie, dass das Proletariat
innerhalb der Grenzen der bestehenden Gesellschaft bleibt

אבל במציאות זה דורש מהפרולטריון להישאר בגבולות החברה הקיימת

sie fordern das Proletariat auf, alle seine hasserfüllten Ideen
über die Bourgeoisie abzulegen

הם מבקשים מהפרולטריון להשליך מעליו את כל רעיונות השנאה
שלהם בנוגע לבורגנות

es gibt eine zweite, praktischere, aber weniger systematische
Form dieses Sozialismus

ישנה צורה שנייה מעשית יותר, אך שיטתית פחות, של סוציאליזם זה

Diese Form des Sozialismus versuchte, jede revolutionäre
Bewegung in den Augen der Arbeiterklasse abzuwerten

צורה זו של סוציאליזם ביקשה להפחית כל תנועה מהפכנית בעיני
מעמד הפועלים

Sie argumentieren, dass keine bloße politische Reform für
sie von Vorteil sein könnte

לטענתם, שום רפורמה פוליטית גרידא לא תוכל להועיל להם

nur eine Veränderung der materiellen Existenzbedingungen
in den wirtschaftlichen Beziehungen ist von Nutzen

רק שינוי בתנאי הקיום החומריים ביחסים הכלכליים יועיל

Wie der Kommunismus tritt auch diese Form des
Sozialismus für eine Veränderung der materiellen
Existenzbedingungen ein

כמו הקומוניזם, צורה זו של סוציאליזם דוגלת בשינוי התנאים
החומריים של הקיום

Diese Form des Sozialismus bedeutet jedoch keineswegs,
dass die Bourgeoisie Produktionsverhältnisse abgeschafft
werden

עם זאת, צורה זו של סוציאליזם בשום אופן אינה מציעה את ביטול
יחסי הייצור הבורגניים

die Abschaffung der Bourgeoisie Produktionsverhältnisse
kann nur durch eine Revolution erreicht werden

ביטול יחסי הייצור הבורגניים יכול להיות מושג רק באמצעות מהפכה

Doch statt einer Revolution schlägt diese Form des
Sozialismus Verwaltungsreformen vor

אבל במקום מהפכה, צורה זו של סוציאליזם מציעה רפורמות
אדמיניסטרטיביות

und diese Verwaltungsreformen würden auf dem
Fortbestand dieser Beziehungen beruhen

ורפורמות מנהליות אלה יתבססו על המשך קיומם של יחסים אלה

Reformen, die in keiner Weise die Beziehungen zwischen
Kapital und Arbeit berühren

רפורמות, אם כן, שאינן משפיעות בשום אופן על היחסים בין ההון
לעבודה

im besten Fall verringern solche Reformen die Kosten und
vereinfachen die Verwaltungsarbeit der Bourgeoisie
Regierung

במקרה הטוב, רפורמות כאלה מפחיתות את העלות ומפשטות את
העבודה האדמיניסטרטיבית של הממשלה הבורגנית

Der Bourgeoisie Sozialismus kommt dann und nur dann
adäquat zum Ausdruck, wenn er zur bloßen Redewendung
wird

הסוציאליזם הבורגני משיג ביטוי הולם, כאשר, ורק כאשר, הוא הופך
לדמות דיבור בלבד

Freihandel: zum Wohle der Arbeiterklasse

סחר חופשי: לטובת מעמד הפועלים

Schutzpflichten: zum Wohle der Arbeiterklasse

חובות מגן: לטובת מעמד הפועלים

Gefängnisreform: zum Wohle der Arbeiterklasse

רפורמה בבתי הכלא: לטובת מעמד הפועלים

Das ist das letzte Wort und das einzig ernst gemeinte Wort
des Bourgeoisie Sozialismus

זוהי המילה האחרונה והמילה היחידה שמשמעותה ברצינות היא
סוציאליזם בורגני

Sie ist in dem Satz zusammengefasst: Die Bourgeoisie ist
eine Bourgeoisie zum Wohle der Arbeiterklasse

זה מסוכם במשפט: הבורגנות היא בורגנות לטובת מעמד הפועלים

3) Kritisch-utopischer Sozialismus und Kommunismus
סוציאליזם ביקורתי-אוטופי וקומוניזם

Wir beziehen uns hier nicht auf jene Literatur, die den
Forderungen des Proletariats immer eine Stimme gegeben
hat

איננו מתייחסים כאן לאותה ספרות שתמיד נתנה קול לדרישות
הפרולטריון

dies war in jeder großen modernen Revolution vorhanden,
wie z. B. in den Schriften von Babeuf und anderen

זה היה נוכח בכל מהפכה מודרנית גדולה, כמו כתביו של באבוף
ואחרים

Die ersten unmittelbaren Versuche des Proletariats, seine
eigenen Ziele zu erreichen, scheiterten notwendigerweise

ניסיונותיו הישירים הראשונים של הפרולטריון להשיג את מטרותיו
שלו נכשלו בהכרח

Diese Versuche wurden in Zeiten allgemeiner Aufregung
unternommen, als die feudale Gesellschaft gestürzt wurde

ניסיונות אלה נעשו בזמנים של התרגשות אוניברסלית, כאשר החברה
הפיאודלית הופלה

Der damals noch unterentwickelte Zustand des Proletariats
führte zum Scheitern dieser Versuche

מצבו הבלתי מפותח של הפרולטריון הוביל לכישלון ניסיונות אלה

und sie scheiterten am Fehlen der wirtschaftlichen
Voraussetzungen für ihre Emanzipation

והם נכשלו בשל היעדר התנאים הכלכליים לשחרורה

Bedingungen, die erst noch geschaffen werden mussten und
die durch die bevorstehende Epoche der Bourgeoisie allein
hervorgebracht werden konnten

תנאים שעדיין לא נוצרו, ויכולים להיווצר על ידי התקופה הבורגנית
הממשמשת ובאה בלבד

Die revolutionäre Literatur, die diese ersten Bewegungen des Proletariats begleitete, hatte notwendigerweise einen reaktionären Charakter

הספרות המהפכנית שליוותה את התנועות הראשונות הללו של הפרולטריון הייתה בהכרח בעלת אופי ריאקציוני

Diese Literatur schärfte universelle Askese und soziale Nivellierung in ihrer gröbsten Form ein

ספרות זו הטמיעה סגפנות אוניברסלית ויישור חברתי בצורתה הגסה ביותר

Die sozialistischen und kommunistischen Systeme, die man eigentlich so nennt, entstehen in der frühen unentwickelten Periode

המערכות הסוציאליסטיות והקומוניסטיות ,המכונות כך בצדק ,נוצרות בתקופה הלא מפותחת המוקדמת

Saint-Simon, Fourier, Owen und andere beschrieben den Kampf zwischen Proletariat und Bourgeoisie (siehe Abschnitt 1)

סן-סימון ,פורייה ,אוון ואחרים תיארו את המאבק בין הפרולטריון לבורגנות)ראו סעיף 1(

Die Begründer dieser Systeme sehen in der Tat die Klassengegensätze

מייסדי מערכות אלה רואים ,אכן ,את האנטגוניזם המעמדי

Sie sehen auch das Wirken der sich zersetzenden Elemente in der herrschenden Gesellschaftsform

הם גם רואים את פעולתם של האלמנטים המתפרקים ,בצורה השלטת של החברה

Aber das Proletariat, das noch in den Kinderschuhen steckt, bietet ihnen das Schauspiel einer Klasse ohne jede historische Initiative

אבל הפרולטריון ,שעדיין בחיתוליו ,מציע להם מחזה של מעמד ללא כל יוזמה היסטורית

Sie sehen das Schauspiel einer sozialen Klasse ohne unabhängige politische Bewegung

הם רואים מחזה של מעמד חברתי ללא תנועה פוליטית עצמאית

Die Entwicklung des Klassengegensatzes hält mit der Entwicklung der Industrie Schritt

התפתחות האנטגוניזם המעמדי שומרת על קצב אחיד עם התפתחות התעשייה

Die ökonomische Lage bietet ihnen also noch nicht die materiellen Bedingungen für die Befreiung des Proletariats

כך שהמצב הכלכלי עדיין אינו מציע להם את התנאים החומריים
לשחרור הפרולטריון

Sie suchen also nach einer neuen Sozialwissenschaft, nach
neuen sozialen Gesetzen, die diese Bedingungen schaffen
sollen

לכן הם מחפשים מדע חברתי חדש, אחרי חוקים חברתיים חדשים
שעומדים ליצור את התנאים האלה

historisches Handeln besteht darin, sich ihrem persönlichen
erfinderischen Handeln zu beugen

פעולה היסטורית היא כניעה לפעולת ההמצאה האישית שלהם

Historisch geschaffene Emanzipationsbedingungen sollen
phantastischen Verhältnissen weichen

תנאים היסטוריים של אמנציפציה עומדים להיכנע לתנאים פנטסטיים

und die allmähliche, spontane Klassenorganisation des
Proletariats soll der Organisation der Gesellschaft weichen

והארגון המעמדי ההדרגתי והספונטני של הפרולטריון עומד להיכנע
לארגון החברה

die Organisation der Gesellschaft, die von diesen Erfindern
eigens ersonnen wurde

ארגון החברה שהוקם במיוחד על ידי ממציאים אלה

Die zukünftige Geschichte löst sich in ihren Augen in die
Propaganda und die praktische Durchführung ihrer sozialen
Pläne auf

ההיסטוריה העתידית פותרת את עצמה, בעיניהם, לתעמולה ולביצוע
מעשי של תוכניותיהם החברתיות

Bei der Ausarbeitung ihrer Pläne sind sie sich bewußt, daß
sie sich in erster Linie um die Interessen der Arbeiterklasse
kümmern

בגיבוש תוכניותיהם הם מודעים לכך שהם דואגים בעיקר לאינטרסים
של מעמד הפועלים

Nur unter dem Gesichtspunkt, die leidendste Klasse zu sein,
existiert das Proletariat für sie

רק מנקודת המבט של היותם המעמד הסובל ביותר, הפרולטריון קיים
עבורם

Der unentwickelte Zustand des Klassenkampfes und ihre
eigene Umgebung prägen ihre Meinungen

המצב הלא מפותח של המאבק המעמדי וסביבתם שלהם משפיעים על
דעותיהם

Sozialisten dieser Art halten sich allen Klassengegensätzen
weit überlegen

סוציאליסטים מסוג זה רואים עצמם נעלים בהרבה על כל היריבויות
המעמדיות

Sie wollen die Lage jedes Mitglieds der Gesellschaft
verbessern, auch die der Begünstigten

הם רוצים לשפר את מצבו של כל חבר בחברה ,אפילו זה של
המועדפים ביותר

Daher appellieren sie gewöhnlich an die Gesellschaft als
Ganzes, ohne Unterschied der Klasse

לפיכך ,הם נוהגים לפנות לחברה בכללותה ,ללא הבחנה מעמדית

Ja, sie appellieren an die Gesellschaft als Ganzes, indem sie
die herrschende Klasse bevorzugen

לא ,הם פונים לחברה בכללותה על ידי העדפת המעמד השליט

Für sie ist alles, was es braucht, dass andere ihr System
verstehen

עבורם ,כל מה שנדרש הוא שאחרים יבינו את המערכת שלהם

Denn wie können die Menschen nicht erkennen, dass der
bestmögliche Plan für den bestmöglichen Zustand der
Gesellschaft ist?

כי איך אנשים יכולים שלא לראות שהתוכנית הטובה ביותר האפשרית
היא למצב הטוב ביותר האפשרי של החברה?

Daher lehnen sie jede politische und vor allem jede
revolutionäre Aktion ab

לפיכך ,הם דוחים כל פעולה פוליטית ,ובמיוחד מהפכנית

Sie wollen ihre Ziele mit friedlichen Mitteln erreichen

הם רוצים להשיג את מטרותיהם בדרכי שלום

Sie bemühen sich durch kleine Experimente, die
notwendigerweise zum Scheitern verurteilt sind

הם משתדלים ,על ידי ניסויים קטנים ,שבהכרח נידונו לכישלון

und durch die Kraft des Beispiels versuchen sie, den Weg
für das neue soziale Evangelium zu ebnen

ובכוח הדוגמה הם מנסים לסלול את הדרך לבשורה החברתית החדשה

Welch phantastische Bilder von der zukünftigen
Gesellschaft, gemalt in einer Zeit, in der sich das Proletariat
noch in einem sehr unterentwickelten Zustand befindet

תמונות פנטסטיות כאלה של החברה העתידית ,שצוירו בתקופה שבה
הפרולטריון עדיין במצב מאוד לא מפותח

und sie hat immer noch nur eine phantastische Vorstellung
von ihrer eigenen Stellung

ועדיין יש לה רק תפיסה פנטסטית של עמדתה שלה

aber ihre ersten instinktiven Sehnsüchte entsprechen den Sehnsüchten des Proletariats

אבל הכמיהות האינסטינקטיביות הראשונות שלהם מתכתבות עם הכמיהות של הפרולטריון

Beide sehnen sich nach einem allgemeinen Umbau der Gesellschaft

שניהם כמהים לשיקום כללי של החברה

Aber diese sozialistischen und kommunistischen Veröffentlichungen enthalten auch ein kritisches Element

אבל פרסומים סוציאליסטיים וקומוניסטיים אלה מכילים גם מרכיב קריטי

Sie greifen jedes Prinzip der bestehenden Gesellschaft an

הם תוקפים כל עיקרון של החברה הקיימת

Daher sind sie voll von den wertvollsten Materialien für die Aufklärung der Arbeiterklasse

לפיכך הם מלאים בחומרים היקרים ביותר להארה של מעמד הפועלים

Sie schlagen die Abschaffung der Unterscheidung zwischen Stadt und Land und der Familie vor

הם מציעים לבטל את ההבחנה בין עיר למדינה, ולמשפחה

die Abschaffung des Gewerbetreibens für Rechnung von Privatpersonen

ביטול החזקת תעשיות על חשבונם של אנשים פרטיים

und die Abschaffung des Lohnsystems und die Proklamation des sozialen Friedens

וביטול מערכת השכר וההכרזה על הרמוניה חברתית

die Verwandlung der Funktionen des Staates in eine bloße Aufsicht über die Produktion

;המרת תפקידי המדינה לפיקוח על הייצור גרידא

Alle diese Vorschläge deuten einzig und allein auf das Verschwinden der Klassengegensätze hin

כל ההצעות הללו, מצביעות אך ורק על היעלמות האנטגוניזם המעמדי

Klassengegensätze waren damals gerade erst im Entstehen begriffen

האנטגוניזם המעמדי היה, באותה תקופה, רק צץ

In diesen Veröffentlichungen werden diese Klassengegensätze nur in ihren frühesten, undeutlichen und unbestimmten Formen anerkannt

בפרסומים אלה האנטגוניזם המעמדי הזה מוכר בצורותיו המוקדמות, הבלתי מובחנות והבלתי מוגדרות בלבד

Diese Vorschläge haben also rein utopischen Charakter

הצעות אלה, אם כן ,הן בעלות אופי אוטופי טהור

Die Bedeutung des kritisch-utopischen Sozialismus und des
Kommunismus steht in einem umgekehrten Verhältnis zur
historischen Entwicklung

משמעותם של הסוציאליזם והקומוניזם הביקורתי-אוטופי עומדת
ביחס הפוך להתפתחות ההיסטורית

Der moderne Klassenkampf wird sich entwickeln und
weiter konkrete Gestalt annehmen

המאבק המעמדי המודרני יתפתח וימשיך ללבוש צורה מוגדרת

Dieses fantastische Ansehen des Wettbewerbs wird jeden
praktischen Wert verlieren

המעמד הפנטסטי הזה מהתחרות יאבד כל ערך מעשי

Diese phantastischen Angriffe auf die Klassengegensätze
verlieren jede theoretische Rechtfertigung

התקפות פנטסטיות אלה על אנטגוניזם מעמדי יאבדו כל הצדקה
תיאורטית

Die Urheber dieser Systeme waren in vielerlei Hinsicht
revolutionär

מחוללי מערכות אלה היו ,במובנים רבים ,מהפכניים

Aber ihre Jünger haben in jedem Fall bloße reaktionäre
Sekten gebildet

אבל תלמידיהם ,בכל מקרה ,יצרו כתות ריאקציונריות בלבד

Sie halten an den ursprünglichen Ansichten ihrer Meister
fest

הם נאחזים בחוזקה בהשקפות המקוריות של אדוניהם

Aber diese Anschauungen stehen im Gegensatz zur
fortschreitenden geschichtlichen Entwicklung des
Proletariats

אך השקפות אלה מנוגדות להתפתחות ההיסטורית המתקדמת של
הפרולטריון

Sie bemühen sich daher, und zwar konsequent, den
Klassenkampf abzustumpfen

לכן ,הם משתדלים ,וזה בעקביות ,להקהות את המאבק המעמדי

Und sie bemühen sich konsequent, die Klassengegensätze
zu versöhnen

והם מנסים בעקביות ליישב את היריבויות המעמדיות

Noch träumen sie von der experimentellen Umsetzung ihrer
gesellschaftlichen Utopien

הם עדיין חולמים על מימוש ניסיוני של האוטופיות החברתיות שלהם

sie träumen immer noch davon, isolierte "Phalanster" zu gründen und "Heimatkolonien" zu gründen

"הם עדיין חולמים להקים "פלנסטרים "מבודדים ולהקים "מושבות בית

sie träumen davon, eine "Kleine Ikaria" zu errichten – Duodecimo-Ausgaben des Neuen Jerusalem

הם חולמים להקים "איקריה קטנה "– מהדורות דואודקימו של ירושלים החדשה

Und sie träumen davon, all diese Luftschlösser zu verwirklichen

והם חולמים להגשים את כל הטירות האלה באוויר

Sie sind gezwungen, an die Gefühle und den Geldbeutel der Bourgeoisie zu appellieren

הם נאלצים לפנות לרגשותיהם ולארנקיהם של הבורגנים

Nach und nach sinken sie in die Kategorie der oben dargestellten reaktionären konservativen Sozialisten

במעלות הם שוקעים בקטגוריה של הסוציאליסטים השמרנים הריאקציוניים המתוארים לעיל

sie unterscheiden sich von diesen nur durch systematischere Pedanterie

הם נבדלים מאלה רק על ידי פדנטיות שיטתית יותר

und sie unterscheiden sich durch ihren fanatischen und abergläubischen Glauben an die Wunderwirkungen ihrer Sozialwissenschaft

והם נבדלים זה מזה באמונתם הפנאטית והאמונות הטפלות בהשפעות המופלאות של מדעי החברה שלהם

Sie widersetzen sich daher gewaltsam jeder politischen Aktion der Arbeiterklasse

לכן ,הם מתנגדים באלימות לכל פעולה פוליטית מצד מעמד הפועלים

ein solches Handeln kann ihrer Meinung nach nur aus blindem Unglauben an das neue Evangelium resultieren

פעולה כזו ,לדבריהם ,יכולה לנבוע רק מחוסר אמונה עיוור בבשורה החדשה

Die Owenisten in England und die Fourieristen in Frankreich stehen den Chartisten und den "Réformisten" entgegen

האוונים באנגליה ,והפוריירים בצרפת ,בהתאמה ,מתנגדים "לצ'ארטיסטים ול"רפורמיסטים

Stellung der Kommunisten zu den verschiedenen bestehenden Oppositionsparteien

עמדת הקומוניסטים ביחס למפלגות האופוזיציה השונות הקיימות

Abschnitt II hat die Beziehungen der Kommunisten zu den bestehenden Arbeiterparteien deutlich gemacht

החלק השני הבהיר את יחסי הקומוניסטים עם מפלגות מעמד הפועלים הקיימות

wie die Chartisten in England und die Agrarreformer in Amerika

כמו הצ׳ארטיסטים באנגליה, והרפורמיסטים האגררים באמריקה

Die Kommunisten kämpfen für die Erreichung der unmittelbaren Ziele

הקומוניסטים נלחמים למען השגת המטרות המיידיות

Sie kämpfen für die Durchsetzung der momentanen Interessen der Arbeiterklasse

הם נלחמים למען אכיפת האינטרסים הרגעיים של מעמד הפועלים

Aber in der politischen Bewegung der Gegenwart repräsentieren und kümmern sie sich auch um die Zukunft dieser Bewegung

אבל בתנועה הפוליטית של ההווה, הם גם מייצגים ודואגים לעתידה של תנועה זו

In Frankreich verbünden sich die Kommunisten mit den Sozialdemokraten

בצרפת כרתו הקומוניסטים ברית עם הסוציאל-דמוקרטים

und sie positionieren sich gegen die konservative und radikale Bourgeoisie

והם מעמידים את עצמם מול הבורגנות השמרנית והרדיקלית

sie behalten sich jedoch das Recht vor, eine kritische Position gegenüber Phrasen und Illusionen einzunehmen, die traditionell aus der großen Revolution überliefert sind

עם זאת, הם שומרים לעצמם את הזכות לנקוט עמדה ביקורתית ביחס לביטויים ואשליות שנמסרו באופן מסורתי מהמהפכה הגדולה

In der Schweiz unterstützt man die Radikalen, ohne dabei aus den Augen zu verlieren, dass diese Partei aus antagonistischen Elementen besteht

בשווייץ הם תומכים ברדיקלים, מבלי לשכוח את העובדה שמפלגה זו מורכבת מאלמנטים אנטגוניסטיים

teils von demokratischen Sozialisten im französischen
Sinne, teils von radikaler Bourgeoisie

בחלקו של הסוציאליסטים הדמוקרטים ,במובן הצרפתי ,בחלקו של
הבורגנות הרדיקלית

In Polen unterstützen sie die Partei, die auf einer
Agrarrevolution als Hauptbedingung für die nationale
Emanzipation beharrt

בפולין הם תומכים במפלגה המתעקשת על מהפכה אגררית כתנאי
עיקרי לאמנציפציה לאומית

jene Partei, die 1846 den Krakauer Aufstand angezettelt
hatte

המפלגה שחוללה את ההתקוממות בקרקוב בשנת 1846

In Deutschland kämpft man mit der Bourgeoisie, wenn sie
revolutionär handelt

בגרמניה הם נלחמים עם הבורגנות בכל פעם שהיא פועלת בדרך
מהפכנית

gegen die absolute Monarchie, das feudale Eichhörnchen
und das Kleinbourgeoisie

נגד המונרכיה האבסולוטית ,הסנאי הפיאודלי והבורגנות הזעירה

Aber sie hören nicht auf, der Arbeiterklasse auch nur einen
Augenblick lang eine bestimmte Idee einzuflößen

אבל הם לעולם אינם חדלים ,לרגע אחד ,להחדיר למעמד הפועלים
רעיון מסוים אחד

die klarste Erkenntnis des feindlichen Antagonismus
zwischen Bourgeoisie und Proletariat

ההכרה הברורה ביותר האפשרית באנטגוניזם העוין בין הבורגנות
לפרולטריון

damit die deutschen Arbeiter sofort von den ihnen zur
Verfügung stehenden Waffen Gebrauch machen können

כדי שהפועלים הגרמנים יוכלו מיד להשתמש בנשק שברשותם

die sozialen und politischen Bedingungen, die die
Bourgeoisie mit ihrer Herrschaft notwendigerweise
einführen muss

התנאים החברתיים והפוליטיים שהבורגנות חייבת בהכרח להציג ,יחד
;עם עליונותה

der Sturz der reaktionären Klassen in Deutschland ist
unvermeidlich

נפילת המעמדות הריאקציוניים בגרמניה היא בלתי נמנעת

und dann kann der Kampf gegen die Bourgeoisie selbst
sofort beginnen

ואז עשוי להתחיל מיד המאבק נגד הבורגנות עצמה

Die Kommunisten richten ihre Aufmerksamkeit
hauptsächlich auf Deutschland, weil dieses Land am
Vorabend einer Bourgeoisie Revolution steht

הקומוניסטים מפנים את תשומת לבם בעיקר לגרמניה ,משום שמדינה
זו נמצאת ערב מהפכה בורגנית

eine Revolution, die unter den fortgeschritteneren
Bedingungen der europäischen Zivilisation durchgeführt
werden muss

מהפכה שחייבת להתבצע בתנאים מתקדמים יותר של הציוויליזציה
האירופית

Und sie wird mit einem viel weiter entwickelten Proletariat
durchgeführt werden

וזה חייב להתבצע עם פרולטריון הרבה יותר מפותח

ein Proletariat, das weiter fortgeschritten war als das
Englands im 17. und Frankreichs im 18. Jahrhundert

פרולטריון מתקדם יותר מזה של אנגליה במאה השבע עשרה ,ושל
צרפת במאה השמונה עשרה

und weil die Bourgeoisie Revolution in Deutschland nur das
Vorspiel zu einer unmittelbar folgenden proletarischen
Revolution sein wird

ומשום שהמהפכה הבורגנית בגרמניה תהיה רק ההקדמה למהפכה
הפרולטרית שתבוא מיד לאחר מכן

Kurz gesagt, die Kommunisten unterstützen überall jede
revolutionäre Bewegung gegen die bestehende soziale und
politische Ordnung der Dinge

בקיצור ,הקומוניסטים בכל מקום תומכים בכל תנועה מהפכנית נגד
הסדר החברתי והפוליטי הקיים

In all diesen Bewegungen rücken sie als Leitfrage die
Eigentumsfrage in den Vordergrund

בכל התנועות הללו הם מביאים לחזית ,כשאלה המובילה בכל אחת
מהן ,את שאלת הקניין

unabhängig davon, wie hoch der Entwicklungsstand in
diesem Land zu diesem Zeitpunkt ist

לא משנה מה מידת ההתפתחות שלה באותה מדינה באותה עת

Schließlich setzen sie sich überall für die Vereinigung und
Zustimmung der demokratischen Parteien aller Länder ein

לבסוף ,הם פועלים בכל מקום למען איחוד והסכמה של המפלגות
הדמוקרטיות של כל המדינות

Die Kommunisten verschmähen es, ihre Ansichten und Ziele zu verheimlichen

הקומוניסטים בזים להסתיר את דעותיהם ומטרותיהם

Sie erklären offen, dass ihre Ziele nur durch den gewaltsamen Umsturz aller bestehenden gesellschaftlichen Verhältnisse erreicht werden können

הם מצהירים בגלוי כי מטרותיהם יכולות להיות מושגות רק על ידי הפיכה בכוח של כל התנאים החברתיים הקיימים

Mögen die herrschenden Klassen vor einer kommunistischen Revolution zittern

תנו למעמדות השליטים לרעוד ממהפכה קומוניסטית

Die Proletarier haben nichts zu verlieren als ihre Ketten

לפרולטרים אין מה להפסיד מלבד השלשלאות שלהם

Sie haben eine Welt zu gewinnen

יש להם עולם לנצח

ARBEITER ALLER LÄNDER, VEREINIGT EUCH!

אנשים עובדים מכל המדינות, התאחדו!